POBLAMIENTO DE LLANOGRANDE Y PALMIRA

documentos inéditos para la historia comarcana

Johnny Delgado Madroñcro

"Poblamiento de Llanogrande y Palmira, documentos inéditos para la historia comarcana"

Johnny Delgado Madroñero

intidelga@hotmail.com

Edición, diciembre de 2022

ISBN KDP Amazon 9798370913679

Registro de Derechos de Autor N° 10-1089-16

Portada: *Estancia vallecaucana*, óleo sobre lienzo de María Nelcy Ramírez B.

Contenido

PRÓLOGO

Presentamos a los lectores una obra tendiente a aclarar bajo las premisas de las ciencias sociales basadas en documentos y fuentes de primera mano lo referente al poblamiento del territorio actual de la ciudad de Palmira, en el Valle del Cauca.

Es muy frecuente escuchar, leer y percibir en los medios de comunicación una serie de mitos históricos sobre el tema en particular basados en escritos con escaso rigor histórico que a falta de investigación profunda vienen a ser sistemáticamente repetidos y se instalan como "verdades" históricas.

Pero lo más crítico del caso es el papel que han desempeñado las autoridades del estado y las academias de historia que más bien con acentuados espíritus de búsqueda de una identidad territorial acogen ligeramente el estudio de estos temas y gastan recursos importantes en celebraciones y rituales alejados de los hechos históricos.

No dejamos a un lado los imaginarios colectivos de la ciudadanía como parte de la historia social, pero, eso no impide profundizar en la historia fáctica, la de los hechos históricos. Una sociedad construye sus imaginarios de identidad en lo cotidiano. Sin embargo, si no se aborda con entera ecuanimidad lo que ha sucedido social, política, religiosa y económicamente en su territorio termina por establecer representaciones autistas de gran parte de la realidad. Sus valores se empiezan a construir bajo el efectismo del autoengaño, la tergiversación, la manipulación o la imitación.

El autor,

Yo te nombro mi tierra

Como Tú, Creador la nombraste

Para darle desde la antigua heredad

Vida, luz y savia que corre y crece

Por sus ríos y mi sangre en su perenne caudal

CAPÍTULO 1

LA OCUPACIÓN DEL TERRITORIO PETÉ

Período prehispánico

El territorio que conocemos actualmente como Colombia se conocía como Cariba antes de la llegada de los españoles. La expansión caribe que había ocupado el territorio desde el mar del mismo nombre, había avanzado hacia el sur remontando los valles de los ríos Cauca y Magdalena. La comarca vallecaucana presentaba diferentes nombres en sus microrregiones, en general delimitadas por los ríos que bajan de la Sierra Alta de los Pijaos (Cordillera Central). El territorio actual de Palmira se conocía como Peté. Voz aborigen que escucharon los españoles en 1535 y 1536 cuando exploraron la banda derecha del río Cauca. Para el comienzo del siglo XVI, las tribus caribes que hablaban lenguas karib poblaban la mayoría del territorio de Peté, pero, limitaban al sur con otras naciones de lengua chibcha.

Es preciso señalar que las diferentes tribus que encontraron los españoles en el siglo XVI en el valle geográfico del río Cauca[1] que comprendía desde el actual Quilichao hasta La Virginia, Caldas, eran pertenecientes a diferentes cacicazgos asentados en determinados núcleos de poder, en su mayoría de la lengua karib. En ese momento, las organizaciones sociales de los aborígenes habían experimentado una serie de transformaciones en los últimos 11.000 años desde el final de la última glaciación.

Primero, en el Valle del Cauca surgieron las sociedades de cazadores especializados de la megafauna entre 9.700 a 8.700 años a.C

---

[1] El actual río Cauca ha sido conocido por varios nombres: el actual que se origina en tierras del norte donde el río se explaya a la llanura caribe; los españoles encontraron que algunos le llamaban río de Pete, los mismos hispanos le bautizaron Río de Santa Marta y algunos indígenas tal vez de lengua quechua le llamaban Caucayaco.

[2]; luego que exterminaron los grandes animales[3], aparecieron los cazadores recolectores y productores de alimentos entre 9.000 y 3.500 años a.C. Los humanos empezaron a diversificar la cacería, adaptaron y domesticaron plantas y animales y comenzaron con una incipiente horticultura, pero, no había un desarrollo cerámico importante porque apenas abandonaban el estadio de cazadores y recolectores, aunque empezaron a producir alimentos y por ende tenían capacidad de acumular y sedentarizarse. Luego se introdujo el maíz de otras regiones y esto necesitó de la adecuación de tierras, que precisaba de herramientas que los humanos empezaron a elaborar de madera, hueso y piedra. Apareció la necesidad de enseres y recipientes para el uso doméstico y la ritualidad dando paso a sociedades alfareras de organización tribal de vida más o menos igualitaria entre 3.500 y 1.300 años a. C[4]. Esta fase de evolución productiva social produjo en algunos sitios acumulación de excedentes agrícolas en algunos clanes lo que dio paso a la aparición de los caciques, y la sociedad se fue lentamente transformando en sociedades cacicales agro-alfareras que se mantuvieron vigentes en el territorio entre 1.500 años a. C. y 1.500 años d. C., cuando entraron en contacto con los españoles.

Para 1500, las sociedades cacicales agro-alfareras habían sufrido una transformación y su arte cerámico había decaído en calidad manteniendo un delicado arte en la orfebrería. Las tribus de la región tenían diferentes procedencias, unas eran de lenguas karib y otras de lenguas chibchas.

La Sociedad Malagana. En el territorio que ocupa Palmira, se desarrolló durante un milenio (500 años a.C. y 500 años d.C.), la sociedad cacical conocida como Malagana. Esta decayó por diferentes situaciones ambientales, políticas y sociales y con el tiempo se superpusieron otras sociedades expansivas que ocuparon el territorio

---

[2] Rodríguez, Carlos Armando (2002), *El Valle del Cauca prehispánico*, Departamento de Historia, Universidad del Valle, Cali, pp.32, 40 y 41.

[3] Blanco, Sonia; Rodríguez, José Vicente y Rodríguez Carlos A. (2007), *El desarrollo prehispánico del Valle del Cauca*, en el libro: "Territorio ancestral, rituales funerarios y chamanismo en Palmira prehispánica, Valle del Cauca", Bogotá, p. 45.

[4] Rodríguez, Carlos Armando (2002), El Valle del Cauca prehispánico, Departamento de Historia, Universidad del Valle, Cali, pp. 60-65 y 102.

y desarrollaron sus propias culturas agro-alfareras y políticas, pero siempre manteniendo su estructura de poder militar y religioso basada en el cacique y el chamán. De tal manera, cuando las huestes de Belalcázar llegaron al suelo vallecaucano, encontraron en este territorio diversas estructuras cacicales diferenciadas y a la vez herederas de remotas o recientes culturas desaparecidas, según el caso. En el suelo de la actual Palmira predominaban las culturas cerámicas Sonso y Bolo Quebradaseca, pero como ya anotamos, étnicamente eran cacicazgos de lengua karib. La sociedad Malagana o Bolo Clásico, ya se había extinguido hacía un milenio.

La sociedad malagana se asentó entre los ríos El Bolo y el río Sabaletas. Se han descubierto emplazamientos de la cultura en El Bolo San Isidro, El Sembrador, Santa Bárbara, El Ciat, Palmaseca, Coronado, La Cristalina, entre otros asentamientos de menor densidad de muestras arqueológicas. En la organización social había una clara demarcación social y religiosa de preminencia de caciques y chamanes. La cerámica malagana era policroma y de alto desarrollo técnico y artístico. Se descubrió enterrada en los cementerios indígenas y solo fue descubierta y estudiada en el siglo XX. Su desarrollo en la orfebrería es de alta calidad comparable en técnica y contemporánea con la expresión cultural yotoco de los Calima. En El Bolo se encontraron diques concéntricos para manejar el drenaje y adecuar las tierras anegadizas para proteger sus cultivos, viviendas y cementerios. Las tumbas en general eran rectangulares de pozo o del sistema cámara y pozo. Las tumbas de los caciques contenían suntuosas ofrendas funerarias en cuarzos, ajuares de oro, productos vegetales, placas de piedra o metates, piedras preciosas y vasijas. En las tumbas de los chamanes especialmente en Coronado se encontraron diversas máscaras en piedra. En algunos sitios se encontraron vestigios de cremación de los cuerpos posiblemente ante una epidemia y también era costumbre la deformación de cráneos en los infantes. La vida promedio de los adultos era de 20 años y la mortalidad infantil entre 0 y 5 años era muy alta. Las condiciones insalubres fomentaban las enfermedades parasitarias, el estrés ambiental y las enfermedades degenerativas articulares por el régimen de producción acortaban sus vidas. Las mujeres eran destinadas a llevar grandes cargas para la cosecha y comercio de productos agrícolas y también desempeñaba un rol social importante en la reproducción, como lo simbolizan sus cerámicas numerosas con mujeres amamantando, en posición de parto y como cargueras.

Hacia el norte del río Sabaletas, marcaba un límite de influencia de las culturas quimbayas que también hablaban lenguas karib y hacia el sur, de igual manera, se marcaban las influencias de las culturas de Tierradentro que ejercían su poder cacical sobre las comunidades indígenas de la ribera derecha del río Cauca mientras el cacique de Popayán lo hacía sobre los indígenas situados al margen izquierdo del río Cauca y los contrafuertes andinos de la Cordillera del Chocó (Cordillera Occidental).

Los cacicazgos de Peté. Las naciones indígenas se agrupaban generalmente por su entorno lingüístico, religioso y de costumbres. En el territorio de Peté antes de 1536, habitaban naciones que en su mayoría hablaban la lengua karib. Los más numerosos eran los Bugas, que se dividían en varios cacicazgos repartidos entre la sierra y la llanura. En las cabeceras del río Amaime habitaban los Chinche, los Augí y los Capacarí. En el curso medio del Amaime, ya en la llanura, habitaban los Anaponima. Estos eran tan feroces que aún hacia 1598, un escrito señalaba que los españoles temían adentrarse en sus dominios en los primeros años de conquista y no se sintieron seguros hasta que se pobló la ciudad de Buga, hacia 1570, y se emprendieron campañas para su exterminio. Los Bugas eran grandes guerreros y practicaban la antropofagia. De su cultura quedaron pocos vestigios a no ser las pocas palabras expresadas en sus topónimos como Augí, Capacarí, Pichichí, Cananguá y Sonso.[5]

El otro conglomerado esta vez fronterizo se asentaba en márgenes del río Bolo y Frayle, mientras las tierras intermedias de Peté permanecían inundadas[6]. Al sur del Bolo habitaban las tribus de Buchitolos y Guales, pertenecientes a la nación de los Calocotos, con un cacicazgo mayor que ejercía el dominio desde Guambía y su señor era Calambás. Los cronistas hablan de algunos caciques y regiones de

---

[5] Tascón, Tulio Enrique (1939), *La conquista de Buga*, edición de la Alcaldía Municipal de Buga, 1991, pp. 19-20-

[6] Es notorio que hasta los años setenta del siglo XX, la región de Palmaseca permanecía gran parte del año inundada o con ciénagas por los desbordamientos de los ríos Bolo y Frayle.

la zona sur a ambas riberas del río Cauca en el momento en que Belalcázar llegó al territorio vallecaucano:[7]

> Que al tiempo que dicho capitán llegó a las provincias de Lili a un pueblo llamado Palo junto al rio grande, donde halló al capitán Juan de Ampudia que había venido adelante a descubrir y pacificar las tierras, el dicho Ampudia tenía poblada una villa llamada Ampudia en nombre de su Majestad y del marqués Francisco Pizarro [...] Y así como supo que el dicho capitán estaba en el río, fuélo a ver con muchos de los vecinos y con muchos indios de paz cargados de comida y fruta, y de allí adelante todos los indios más cercanos le venían a ver y a traerle de comer al dicho capitán. Eran los indios de Jamundí y Palo, de Solimán y Bolo y porque no traían tanto maíz como él quería, mandó ir a muchos españoles con sus indios e indias que fuesen por maíz y donde quiera que lo hallasen se lo trajesen y así fueron a Bolo y Palo [...]

Existe un caso singular que solo ha referido Pascual de Andagoya sobre la diferencia de lenguas entre los indios de Peté y los de la banda izquierda del río Cauca. Es el caso de un cacique que estaría asentado cerca al emplazamiento del poblado de Cali pero en la banda oriental muy cerca a la actual sitio de Caucaseco. Refiere Andagoya en su paso por Cali en 1538 del cacique Ciamán que:[8]

> Una legua de Lili está un señor en un río grande que se dice Ciamán, que es lengua por sí, que no entiende la de Lili. Y dos leguas deste en la otra cordillera de la sierra hacia el Este, hay otros señores de otra lengua diferente a la de Lili.

---

[7] De las Casas, fray Bartolomé (1598), *Brevísima relación de la destrucción de Indias*, Istituto italiano per gli studi filosofici, edición de Andrés Moreno Mengíbar, Sevilla, España, 1991, p. 84. Texto compilado por De las Casas y atribuido al capitán español Alfonso Palomino, compañero de Ampudia y Belalcázar.

[8] Andagoya, Pascual de, *Relación de los sucesos de Pedrarias Dávila en la Tierra Firme y de los descubrimientos del Mar del Sur, años de 1514-1541*, Capítulo Costa panameña en el Mar del Sur, en "Colección de documentos inéditos" de Antonio Cuervo, p. 113.

Sobre la ribera izquierda del río Cauca, también en la frontera, estaban los Liles de la nación de los Gorrones que dominaban un corredor largo desde Riofrío al norte hasta la actual Timba en el sur. Uno de los caciques más conocidos fue Petecuy del cual habla el cronista y soldado Pedro Cieza de León:[9]

> Junto a este valle confina un pueblo del cual era señor el más poderoso de todos sus comarcanos, y a quien todos tenían más respeto, que se llamaba Petecuy. En medio de este pueblo está una gran casa de madera muy alta y redonda con una puerta en el medio; en lo alto de ella había cuatro ventanas por donde entraba claridad. La cobertura era de paja. Así como entraban dentro, estaba en alto una larga tabla, la cual la atravesaba de una parte a otra y encima de ella estaban puestas por orden, muchos cuerpos de hombres muertos de los que habían vencido y preso en las guerras, todos abiertos; y abríanlos con cuchillos de pedernal y los desollaban; y después de haber comido la carne henchían los cuerpos de ceniza y hacíanles rostros de cera con sus propias cabezas, poníanlos en la tabla de tal manera que parecían hombres vivos.

Otro cacique de la región y ya en tiempos en que había pasado la conquista fue Lisupete, referido por el Visitador Guillén Chaparro en 1583. Esto demuestra la afinidad del topónimo Peté con los mencionados caciques de los Liles que dominaban la región donde se fundaría Cali en su primer y segundo emplazamiento, ordenado por Belalcázar a su teniente Miguel Muñoz y el antiguo nombre del río Cauca que le llamaban río de Pete. Entre los Liles se acostumbraba la poligamia especialmente entre la capa social señorial y el cacique. Este tenía esposas que distinguía entre principales y secundarias. Aunque las principales eran las destinadas a dar herederos al cacique, en general se elegía a la primera que diera a luz el heredero. Las mujeres que estaban con su menstruación se separaban durante esos días a chozas circulares separadas de las demás viviendas que en general eran rectangulares. Ante la muerte de un cacique lile le sucedía su hijo

---

[9] Cieza de León, Pedro (1553), *Crónica del Perú*, editorial Peisa, Lima, Perú, 1988, p. 82.

mayor, aunque en tribus vecinas se acostumbraba que el heredero fuera el hijo mayor de la hermana del cacique.[10]

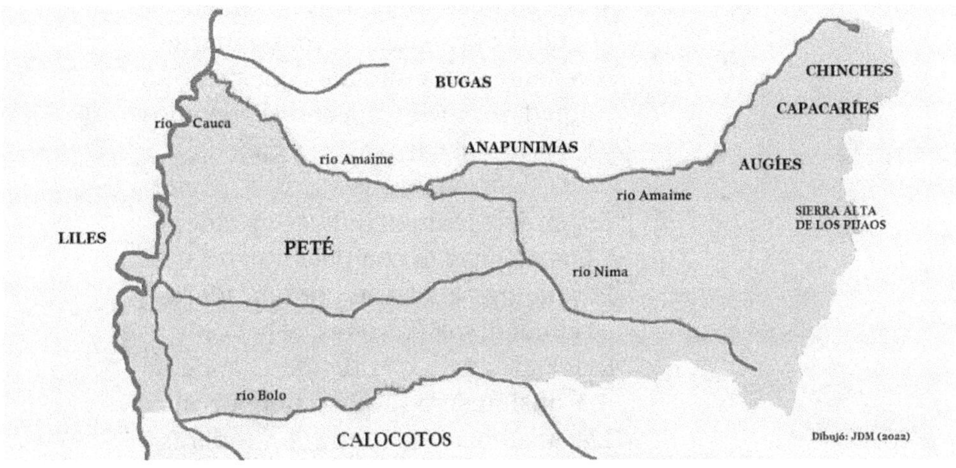

Figura 1. Indígenas de la región de Peté hacia 1535 a la llegada de los españoles

Los Liles acostumbraban tener malocas grandes para varias familias sin determinarse claramente si entre estas familias había un parentesco y si esa parentela era de origen patriarcal o matriarcal. Las crónicas permiten señalar que las mujeres liles y del gran parte del valle del río Cauca guardaran relativa igualdad de derechos entre mujeres y varones y en general, la mujer podía ataviarse de adornos dorados y algunas ocupaban un papel preponderante en la guerra[11] como lo atestiguan mujeres lile y la conocida intervención de la Petecuya, esposa del cacique, instando a los hombres a no acobardarse

---

[10] Trimborn, Hermann (1949), *Señorío y barbarie en el valle del Cauca*, editorial Universidad del Cauca, 2005, 1ª. Edición, pp. 107, 110 y 115.

[11] Trimborn, Hermann, *Señorío y barbarie en el valle del Cauca*, obra citada, pp. 130 y 134-136.

ante los españoles en medio del fragor del combate con las armas empleadas por los guerreros. [12]

Oh gente baja, vil, floja, cobarde
Digna de feminino nombramiento
¿es posible que tanto tiempo tarde
Con tan pocos venir a rompimiento
Y que la parte nuestra más aguarde
Habiendo para uno más que ciento
Romped, romped y apechugá con ellos
Y asidles de las barbas y cabellos.
[...]
las mujeres también de estas aldeas
Los amenazan con palabras feas.
Porque tras ellos van por las laderas
Llamándolos ladrones, robadores
Las cuales de por sí tienden bandera
Y ansí mismo tocaban tambores
Llevaban macanas, lanzas, tiraderas
Agudos y volantes pasadores
Sin dejar reposar bando cristiano
Hasta que ya lo vieron en el llano.

Para la guerra usaban lanzas de madera de palma con punta endurecida por el fuego y macanas o mazas de palma de una braza y media de longitud y cuatro dedos de ancha que usaban a dos manos. También usaban dardos de madera, hondas y tiraderas o estólicas, especie de lanzadora de flechas lineal no en arco, el cual al igual que la cerbatana no fue conocida por los aborígenes de la región. Lanzaban proyectiles de piedra a mano y con las hondas. [13]

---

[12] Castellanos, Juan de (1589), *Elegías de varones ilustres de Indias*, Tomo Cuarto, Imprenta de la Publicidad, Madrid, 1847, pp. 460-461.

[13] Trimborn, Hermann, *Señorío y barbarie en el valle del Cauca*, obra citada, pp. 306-309.

CAPÍTULO 2

LA CONQUISTA DEL TERRITORIO Y LA OTRA BANDA

Exterminio indígena

Las guerras de conquista en la comarca vallecaucana significaron el exterminio de la mayoría de indígenas que se resistieron a la ocupación de su territorio. Ya hemos mencionado que en el territorio que ocupa actualmente Palmira, la mayoría de indígenas se ubicaban en las cuencas de los ríos fronterizos de Amaime, Bolo y Cauca. Tenían entre las diferentes tribus, guerras a menudo como lo atestiguan lo que encontraron los españoles tanto en Lile como a lo largo de las naciones indígenas que poblaban las riberas del río Cauca hasta Antioquia. Pero tanto en el contacto inicial de 1535-1536, los indígenas sufrieron grandes pérdidas en sus guerreros y en sus comunidades de niños y mujeres en las *razzias* o acometidas de los españoles luego de una victoria. A esto se sumaron las epidemias de enfermedades infecciosas que portaban los españoles para las cuales, los organismos nativos carecían de la suficiente inmunidad. Refiere Cieza de León también que la altivez de los indígenas cercanos a Cali, les hizo preferir morirse de hambre que someterse al yugo español. Los restantes indígenas debilitados fueron víctimas de los indios serranos enemigos, que bajaron al valle y los devoraron.[14]

Mencionaremos solo dos casos que dan ejemplo de lo sucedido en los alrededores de Peté. El primero se refiere a la extinción indígena en el territorio de la ciudad de Cali, que abarcaba desde Timba hasta cerca de Riofrío. Se puede hacer un cálculo basado en las tasaciones o censos de población para efecto tributario que hacían los Visitadores reales. Los relatos de Pascual de Andagoya y de Cieza de León, pueden darnos una idea de la población indígena en el momento de la conquista. Andagoya llegó a Cali en 1538 y así lo describe:[15]

---

[14] Cieza de León, Pedro, *Crónica del Perú*, obra citada, p. 76.
[15] Andagoya, Pascual de, obra citada, p. 113.

Esta tierra en obra de treinta leguas, que es lo que se despobló era la más bien poblada tierra y más fértil abundosa de maíz y de frutas y de pastos: y cuando yo llegué estaba y hallé tan despoblada que no se halló en toda la tierra un pato para poder criar; y donde había en estas treinta leguas sobre cien mil casas no hallé diez mil hombres por visitación.

Cieza que pasó por primera vez en 1546 también refiere a la extinción aborigen por las guerras, de "un espacio valle de la ciudad de Cali, [...] había en él grandes provincias llenas de millares de indios, y ellos y los de las sierras nunca dejaban de tener guerra [...]", teniendo en cuenta que de por sí, estas guerras nunca pusieron en riesgo de extinción a las tribus mas sí, las guerras contra los españoles y las enfermedades.

Si para 1538 había 10.000 indígenas, para 1552 se había reducido a un tercio (3.344 indios). En un siglo, en 1634, había 420 indígenas tributarios en Cali. Ver la Tabla 1.

Tabla 1. Población de indios tributarios en Cali durante los Visitadores

Briceño	T. López	Velasco	Guillén	Villaquirán
Año 1552	Año 1559	Año 1561	Año 1582	Año 1634
3.344	2.418	3.000	2.800	420

El segundo ejemplo lo constituye el caso de los indígenas no sometidos, los que siguieron en rebelión y opusieron resistencia desde sus dominios en las montañas y piedemontes de la Sierra Alta de los Pijaos. A finales del siglo XVI, en 1589, los Pijaos, Omaguas, Paeces y Suragaos se confederaron para dar batalla a los españoles en las regiones de Caloto y Piendamó. Pedro Ordóñez de Zevallos que estuvo muy de cerca con los Pijaos porque era amigo del cacique Calocoto, perteneciente al Consejo indio pijao, que agrupaba 72 caciques, nos describe sus costumbres y afirma que en tiempos de Belalcázar, había unos 120.000 indios pero con la guerra contra los hispanos se habían reducido a 20.000; medio siglo más tarde, en ese 1589, solo quedaban 4.000 pijaos.[16]

Un testimonio directo de ello nos lo da Ordóñez al narrar una batalla que duró un día y una noche contra la federación de cerca de veinte mil Pijaos, Paeces y Omaguas. En cercanías de Popayán se juntaron los dos ejércitos, el cacique Calocoto peleó junto a su nación, dirigidos por el cacique llamado también Pijao, mientras los españoles llevaron seiscientos hombres, de ellos doscientos cincuenta de a caballo y trescientos cincuenta de a pie; más trescientos indios y negros de su lado. El resultado fue una terrible matanza de 1.122 Pijaos muertos en el combate y casi siete mil del resto de la confederación. Por parte de los españoles murieron cincuenta y dos soldados, casi la misma cantidad de negros y cien indios amigos. [17]

Fundación de Cali y Buga

Tras la eliminación de la resistencia indígena de la ribera izquierda del río Cauca, Belalcázar mandó fundar a Cali[18] en 1536 y prosiguió con el reparto de tierras en ese mismo año como en 1541 cuando retornó de España con el título de Gobernador de Popayán. Estos repartimientos de mercedes de tierras se hicieron en el lado izquierdo del río Cauca. Con la fundación de Buga en 1570, en lo alto de la Sierra Alta de los Pijaos para que sirviera de fortín militar para detener las incursiones indígenas sobre el valle, se procuró avanzar en la conquista del costado oriental del río Cauca. Buga fue trasladado luego al emplazamiento actual junto al río Guadalajara y una vez establecido el cabildo, empezaron las rivalidades con Cali sobre la jurisdicción de una inmensa llanura situada al margen derecho del río Cauca, que se había convertido poco a poco con la distribución de tierras por parte del cabildo caleño, en una zona agrícola y de crianza de ganado cimarrón que traía buenos dividendos a sus escasos propietarios. Para dirimir esa cuestión se celebró en agosto de 1573 el Pacto de Ocache, sitio de Vijes, donde se acordaron los límites del territorio bajo

---

[16] Ordóñez de Zevallos, Pedro (1691). *Historia y viaje del mundo,* editado por Juan García Infanzón, Madrid, pp. 108-109.

[17] Ordóñez de Zevallos, Pedro. Obra citada. pp. 120-121.

[18] El sitio inicial se situaba en las cercanías de Vijes y Yotoco.

dominio de cada cabildo. Ya en ese momento se conocía a este territorio llano como la Otra Banda. Un aparte del acuerdo rezaba: "tenga la ciudad de Cali por términos de la otra banda del río Cauca a la parte que está poblada la dicha Guadalajara de Buga"[19].

Más tarde como veremos, fue que se comenzó a llamar al territorio que nos ocupa con el término de Llanogrande.

Repartimiento de tierras y encomiendas en la Otra Banda

En 1536 Sebastián de Belalcázar repartió tierras e indios entre sus capitanes y soldados en la ribera occidental (izquierda) del río Cauca. En 1539, en ausencia de Belalcázar, el enviado de Francisco Pizarro, el capitán Lorenzo de Aldana, redistribuyó estas encomiendas entre sus favoritos. Estos indígenas eran empleados en su mayoría en el oficio de *tamemes* o cargueros.[20] En 1541 regresó Belalcázar de España con el cargo de Gobernador de Popayán y otorgó mercedes de tierras a sus capitanes y compañeros. Fueron Pedro Cobo y Juan Díaz Hidalgo, pero no se tiene certeza de cuándo sucedió, los primeros españoles que recibieron tierras en la Otra Banda como se conoció a la franja de tierra a la margen derecha del río Cauca y al oriente de la reciente fundada ciudad de Cali. Estos predios otorgados se situaban a orillas del Amaime en su curso bajo[21]. Con la llegada del Visitador Francisco Briceño en 1552 se conoció que en Cali había 42 encomiendas repartidas entre 21 encomenderos con un total de 3.344 indios encomendados situados casi todos en la ribera izquierda del río Cauca [22]. Solo se puede colegir que en el territorio de la Otra Banda figuraba una encomienda en Amaime de los hijos de Pedro Cobo, que suponemos heredaron de su padre fallecido en enero de 1546. Es de

---

[19] Díaz, Zamira, *Gestación histórica de Palmira*, p. 4

[20] Valencia, Alonso (1987), *Encomiendas y estancias en el Valle del Cauca, siglo XVI*, Revista Historia y Espacio, Vol. III Nos. 11 y 12, Universidad del Valle, Cali, pp. 16-17,

[21] Valencia, Alonso (1987), *Encomiendas y estancias en el Valle del Cauca, siglo XVI*, Revista Historia y Espacio, Vol. III Nos. 11 y 12, Universidad del Valle, Cali, pp. 29 y 36.

[22] Rómoli, Kathleen, *Nomenclatura y poblaciones indígenas de la antigua jurisdicción de Cali a mediados del siglo XVI*, pp. 461-464.

anotar que hubo otro sitio con el nombre de Amaime, cercano a Vijes, como lo advierte Rómoli. Ya para 1559 había otra encomienda en Bolo y aparecía administrada por la Corona y tenía diez indios tributarios.[23]

En 1568, Gregorio de Astigarreta había pedido al Cabildo de Cali le concedieran las tierras dadas a Juan Hidalgo veinte años atrás y que este había perdido por no hacerlas productivas. De igual manera, Gaspar González y Pascual Segura solicitaron les concedieran terrenos aledaños a los de Gregorio Astigarreta[24]. De tal manera que, para este año de 1568, los propietarios de tierras en la Otra Banda eran solo cinco: los dos hermanos Cobo, Astigarreta, Segura y González. Poco después, en 1569 el cabildo de Buga otorgó tierras a Luis Velásquez Rengifo en el valle del río Sabaletas. El mismo cabildo entregó en 1586 tierras en Sabaletas al cura Diego Rengifo y al año siguiente recibió otras dos mercedes de tierra, una en el Bolo y otra cercana a predios de Astigarreta. Para 1591 Luis de Rioja recibiría tierras en el Bolo.[25]

Además de pedir tierras, los capitanes de conquista solicitaban encomiendas de indios. Ya para aquella época se había suscitado un giro de gobierno del imperio español en cuanto al trato a los indígenas motivados en parte por un precedente de emisión de las Leyes de Burgos de 1513 que habían caído en letra muerta para la protección de los indígenas como vasallos del rey y no esclavos, y en forma más reciente por las quejas de los sacerdotes Antonio de Montesinos y Bartolomé de Las Casas que denunciaban en la Corte la depredación de las tierras de Indias en detrimento de los aborígenes. De tal manera el emperador Carlos V, había promulgado en 1542, las Leyes Nuevas donde limitaban el poder de los encomenderos en las tierras americanas. Esto produjo grandes rechazos de los conquistadores y encomenderos que además de fomentar actos de corrupción en Las Indias instigaron grandes rebeliones como las de Gonzalo Pizarro, Álvaro de Oyón, Lope de Aguirre y Hernández Girón, contra la tiranía imperial.

El camino que de Cali conducía a la reciente ciudad de Buga pasaba por la estancia de Astigarreta quien en 1570 instaló un ingenio de azúcar. Los hermanos Lázaro y Andrés Cobo con estancias a lado y

---

[23] Rómoli, Kathleen, obra citada, p. 464.

[24] Valencia Llano, obra citada, pp. 36-38.

[25] Valencia, Alonso (1987), *Encomiendas y estancias en el Valle del Cauca, siglo XVI*, obra citada, p. 41.

lado del Amaime, también montaron ingenios en la zona que se pasó a conocer como San Jerónimo de los Ingenios. Existe confusión por el uso de San Jerónimo como lugar y como nombre de una estancia. Esto lo explica muy bien Gustavo Arboleda para evitar equívocos: la región comenzó a llamarse San Jerónimo de los Ingenios porque en esa zona había tres ingenios: el de Gregorio Astigarreta Aguirre El Viejo situado al lado izquierdo del río Amaime[26] que heredó en 1605 su hijo Gregorio Astigarreta Avendaño El Mozo; el ingenio de Catalina de Vergara, viuda de Andrés Cobo, ubicado también en la margen izquierda del río Amaime y el de los herederos de su hermano Lázaro Cobo situado a la ribera derecha del Amaime que recibía el nombre de San Jerónimo[27]. Este último quedaría ubicado en jurisdicción de Buga por el convenio de Ocache de 1573.

Con la fundación de Buga y el avance de la producción en las estancias, el cabildo bugueño otorgó encomiendas a Gregorio Astigarreta sobre los indios de Augí; Lázaro Cobo recibió la encomienda de los indios de Chinche y Capacarí y su hermano Andrés Cobo, le fue asignada la de los indios Anaponima. Estos españoles poblaron a los indios en sus estancias sacándolos de sus territorios. [28]

---

[26] Arboleda, Gustavo (1956), *Historia de Cali*, Tomo I, p. 78.

[27] Arboleda, Gustavo (1956), *Historia de Cali*, tomo I, pp. 169-170 y 209.

[28] Valencia, Alonso (1987), *Encomiendas y estancias en el Valle del Cauca, siglo XVI*, Revista Historia y Espacio, Vol. III Nos. 11 y 12, Universidad del Valle, Cali, p. 46.

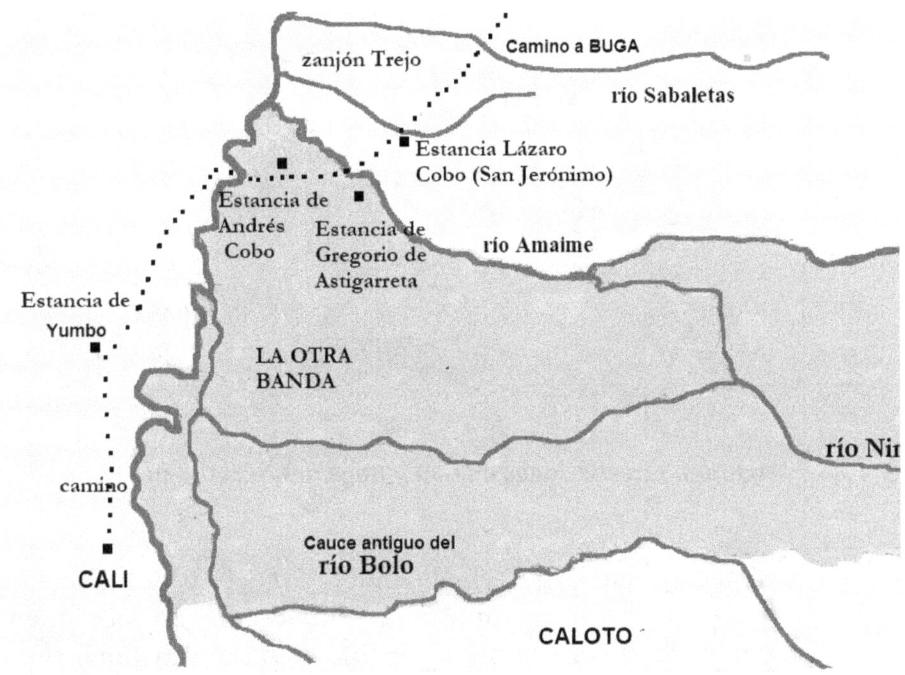

Figura 2. Primeras estancias de la Otra Banda hacia 1570

Acuerdo de Ocache entre Cali y Buga

El 4 de agosto de 1573 se reunieron en Ocache, sitio de Vijes, delegados de los cabildos de Cali y Buga para dirimir los límites de sus jurisdicciones. Allí se señaló como límite norte del territorio asignado a Cali, el curso de la quebrada Real de Trejo, que desembocaba en el río Cauca (o de Pete), hasta el Paso del Real del Trejo, por donde iba el camino de Cali a Buga; y hacia el oriente una línea recta al paso de Amaime (al lado de la casa de hacienda de Astigarreta) y de aquí otra línea imaginaria dividiendo la anchura del valle hasta el río Bolo, límite con tierras de jurisdicción de Caloto[29]. Era claro que en ese entonces se conocía al territorio como la Otra Banda y no había poblado alguno en el sitio donde luego se situaría Llanogrande y luego Palmira.

---

[29] García Vásquez, Demetrio (1928), *Los hacendados de la otra banda y el Cabildo de Cali,* Imprenta Gutiérrez, Cali, pp. 14, 19, 20, 28 y 29.

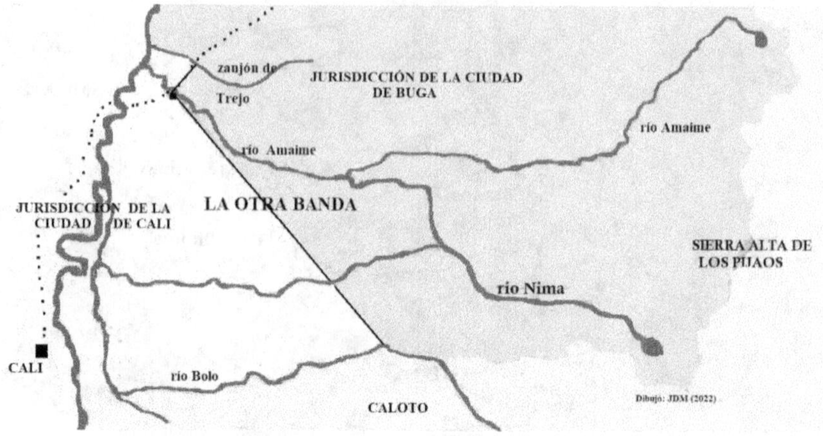

Figura 3. Jurisdicciones de Cali y Buga del Acuerdo de Ocache de 1573.

De hecho, en 1583 el Visitador Francisco Guillén Chaparro describía el territorio cercano a Cali situado en "un muy buen llano; pásase por allí al Perú. Junto al pueblo está un muy buen río, que se llama de Pete [...] Fue señor de Cali Lisupete [...][30].

Los pleitos por jurisdicción de este territorio se mantuvieron al menos por un siglo más y se elevaron hasta la Real Audiencia de Quito que ordenó dirimir el pleito entre representantes de ambos cabildos. En 1684 se nombraron los peritos para determinar los límites[31]. Los términos del acuerdo fueron:

[...] un terraplén grande que arrancaba del punto en donde nace el arroyo denominado Mirriñao. Este sería, en parte, el límite que terraplén arriba seguiría a dar al río Amaime y desde allí hasta el Bolo, y cortando por arriba de este, hasta Amaime que era jurisdicción de Buga, y del terraplén al río Cauca, jurisdicción de Cali, hasta el arroyo del Trejo. La jurisdicción sería a media en los dos caminos reales, base de la divergencia, uno que llevaba de Cali a Buga por Apunima y otro que unía también las dos ciudades por los Piles. Es decir, se trazó el lindero en puntos equidistantes de las expresadas vías y se pondría un mojón en el Trejo y otro en el

---

[30] Guillén Chaparro, Francisco (1583), *Memoria de los pueblos de la Gobernación de Popayán*, Cespedesia, Suplemento N° 4, N° 45-46, 1983, Cali, p. 317.

[31] Arboleda, Gustavo (1956), *Historia de Cali*, tomo I, pp. 304-305.

Amaime: lo que se extendía hacia la sierra alta era de Buga, lo que avanzaba al Cauca era de Cali.

[...] se señaló un zanjón que está debajo de las casas del hato de la Compañía de Jesús, más arriba del morrito redondo, poco menos de media legua, y que fuera lindero por siempre jamás, corriendo desde la punta de dicho zanjón o chamba hasta el río del Bolo, derecho, y por la otra el río de Amaime, y que se pusiesen mojones finos y permanentes por los dichos cabildos.[32]

---

[32] Tascón, Tulio Enrique (1939), *Historia de Buga en la Colonia*, edit. Minerva, Bogotá, pp. 51-52.

CAPÍTULO 3

REPOBLAMIENTO DE LA OTRA BANDA Y LLANOGRANDE

La creciente extinción de los indígenas y especialmente en la Otra Banda la necesidad de mano de obra para las estancias paneleras de la cuenca del Amaime conllevó a la introducción de esclavos y al menos emprender el poblamiento de los indígenas en algunos centros para su servicio a los encomenderos. De otra parte, para el primer cuarto del siglo XVII el gobierno colonial y la Real Audiencia de Quito de la cual dependía jurídicamente la Gobernación de Popayán estaba interesada en legitimar las posesiones de tierras del Rey otorgadas por los Gobernadores y cabildos en los años de conquista y por ello envió a Visitadores para hacer la Composición de Tierras, es decir, tasar el valor de las propiedades de los latifundistas españoles y cobrarles un impuesto por legalizar las tierras realengas en su poder. Ya vimos como las mercedes de tierras y encomiendas de los dos cabildos (Cali y Buga), fueron monopolizados por los Cobo y los Astigarreta en lo que refiere a la Otra Banda y se habían ubicado en tierras más cercanas al cauce del río Cauca y a los cursos medio y bajo del río Amaime debido a la resistencia indígena de los Pijaos de la Sierra Alta.

El cabildo de Buga creó núcleos de pueblos de indios tanto al norte (Tuluá) como al sur de la ciudad, en territorios de Guacarí, pero que en realidad vivían dispersos en los llanos y montes desde el río Guabas hasta Llanogrande. Las estancias y haciendas cercanas a estos territorios tenían capillas bajo la tutela de los curas que se encargaban de la doctrina de los indios. De tal manera, los poblados indios fueron inicialmente establecidos en estas zonas referidas.

3.1. Poblado de Pueblo Nuevo de la Concepción de Napunima o San Jerónimo. Hacia 1580 ya tenían en la zona sus encomiendas otorgadas por Buga a los hermanos Cobo y Gregorio de Astigarreta. En tierras de Andrés Cobo encomendero de los Anaponimas se formó el Pueblo Nuevo de la Concepción o San Jerónimo[33]. En 1619 ya había cura doctrinero para los indios encomendados. Habitaban la región

---

[33] Arboleda, *Historia de Cali*, Tomo I, Universidad del Valle, Cali, 1956, pp. 78 y 288.

igualmente los negros esclavos, algunos españoles dueños y posiblemente, españoles pobres recién llegados. El caserío se ubicaba en la margen izquierda del Amaime. Parece ser que eran bastante los dueños porque en 1624, el cura Bernal interpuso pleito de cobro a varios hacendados para que le pagasen los estipendios de la doctrina[34]. Hacia 1650, ya había un cura en la doctrina que había sido de Andrés Alderete del Castillo[35]. En 1686 fue nombrado Francisco Cobo de Figueroa como cura doctrinero de este poblado y de Concepción de Amaime[36]. Este pueblo se fue extinguiendo y para 1754, las tierras del Pueblo Nuevo de Concepción de Napunima se remataron por la desaparición de los indios. [37]

3.2. Poblado de Anapunima. Estaba situado en el Llano de la Torre de Anapunima, muy cerca al margen derecho del río Cauca y por donde se había construido un paso. Existen del tiempo anterior a 1639, referencias que indican que desde este poblado podía divisarse el cercano pueblo de San Jerónimo[38]. Recordemos que este San Jerónimo es el mismo Pueblo Nuevo de la Concepción de Anapunima.

3.3. Poblado de Amaime. En 1668 en tiempos de la llegada del Visitador Diego de Inclán Valdés, ya existía este poblado porque él ordenó que sus pobladores junto a los de San Jerónimo trabajaran en la reparación de puentes y caminos aledaños a sus sitios. [39]

---

[34] Arboleda, *Historia de Cali*, Tomo I, p. 170.

[35] Ídem, p. 213.

[36] Arboleda, tomo I, p. 316.

[37] AAC, Signatura 2383 Col JI- 2cr.

[38] Ídem, p. 194.

[39] Arboleda, tomo I, p. 252.

3.4. Poblado de Yunde. Estaba situado en un sitio pantanoso, lleno de ciénagas al margen derecho del río Bolo en jurisdicción de Cali, ya que el margen izquierdo correspondía a Caloto. Tenemos referencia de su existencia en pocas fuentes. Existía Yunde aún a finales del siglo XVIII. [40] En 1808, en un informe de los alcaldes pedáneos de los partidos adscritos a Cali se consigna que ese momento Yunde era un poblado de 85 casas, con iglesia de ladrillos de adobe y techo de tejas. Sus habitantes numerados en un censo eran 476 de los cuales 311 eran pardos (castas), 75 eran esclavos de las haciendas y el resto era gente blanca. Sembraban maíz, plátanos, fríjoles y tubérculos, además de dedicarse a la pesca en las ciénagas cercanas.

3.5. El territorio de Llanogrande. Antes de tratar sobre el poblado hemos de mencionar que, para mediados del siglo XVII, el territorio de la Otra Banda comenzó a conocerse como Llanogrande. Fue cuando en 1644 Isabel Rivadeneira, viuda de Gregorio de Astigarreta Avendaño, vendió a Juan Romero parte de las tierras al margen izquierdo del río del Palmar por 160 pesos.[41] Y un poco más tarde, en 1667, cuando el Visitador de la Audiencia de Quito, Diego de Inclán Valdés vino al territorio, multó al nuevo propietario de la hacienda El Palmar, Francisco Rengifo Salazar, por tener dos indios encomendados en su hacienda. Los documentos mencionan a la propiedad como encomienda de El Palmar de Llanogrande [42].

En 1678, hay un documento emitido por el gobernador de Popayán, García de la Cuesta, en ocasión de un pleito de herencia de Onofre Lasso, donde menciona[43]:

> [...] Los vecinos hacendados en el Llanogrande por ser jurisdicción
> desta ciudad (Buga), aunque ellos son vecinos de la ciudad de Cali y

---

[40] Arboleda, tomo I, p. 315.

[41] AHC, Fondo Escribanos, Notaría Primera, 29 de abril de 1644, ff. 82-83v.

Arboleda (1956), *Historia de Cali*. Tomo I, p. 209. Este río recibía entonces los nombres de zanjón del Palmar o zanjón de Romero. Corresponde en la actualidad al río Palmira en la zona del centro y occidente del poblado.

[42] Archivo Central del Cauca (ACC), Signatura 2383 Col JI-2cr, y Signatura 541 Col JI-1cv.

[43] Díaz, Zamira, op. cit. pp. 5-6.

tienen casa poblada en ella, paguen la mitad de aquellos frutos (los de sus haciendas) a esta otra ciudad (Buga), y los que son vecinos desta otra ciudad (Buga), y tienen asiento en el dicho Llanogrande los paguen [...]

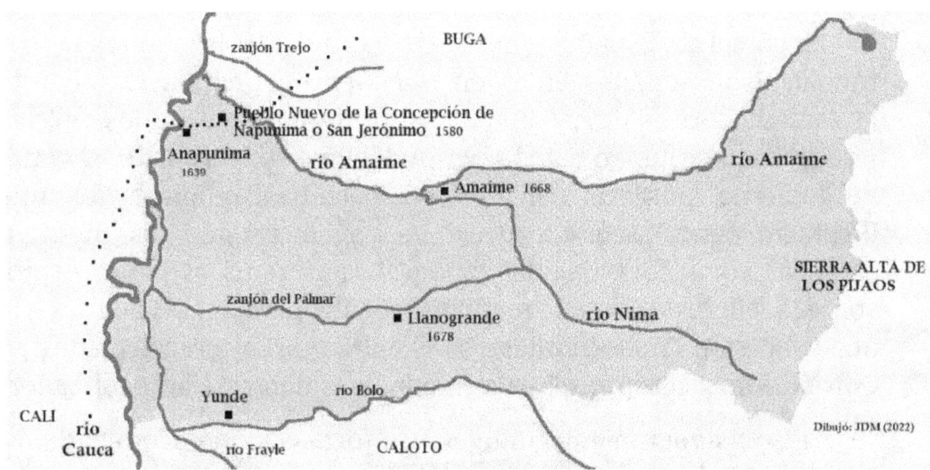

Figura 4. Poblados del territorio de la Otra Banda y Llanogrande

En lo sucesivo, se comenzará a llamar Llanogrande a todo el territorio dependiente de Buga según los acuerdos de Ocache de 1573 y su ratificación con ligeros cambios en los acuerdos de límites de 1683. En este año, se suscitaron de nuevo controversias por los límites del territorio entre los cabildos de Cali y Buga. En 1716, ante un nuevo pleito, la Audiencia de Quito determinó que la jurisdicción de Cali se extendía hasta el río Sabaletas desde su nacimiento a su desembocadura en el río Cauca[44]. Esta sentencia no fue acogida en la práctica.

---

[44] Arboleda, Gustavo, *Historia de Cali*, Tomo II, p. 374.

CAPÍTULO 4

ECONOMÍA Y POLÍTICA EN LLANOGRANDE

El gobierno español empezó a consolidar la conquista con la fundación de ciudades. En orden ascendente el Cabildo, el Gobernador, la Audiencia o el Virrey y el Consejo de Indias eran los niveles de jerarquía que estaban bajo la figura del Rey. Por otro lado, el convenio de gobierno temporal del Rey con la cultura religiosa del Antiguo Régimen, permitía una especie de cogobierno en las monarquías católicas como la española donde el Papa tenía el poder espiritual sobre la feligresía. Por ello mediante el Patronato Real el pontífice hacía una concesión de los impuestos del culto que eran recolectados por la Corona con el compromiso de fomentar la doctrina evangelizadora.

Tras el sometimiento indígena se fortaleció la encomienda de los indios bajo el control y provecho del encomendero y el ejercicio del culto por medio de un cura doctrinero. Los esfuerzos por aprovechar la mano de obra indígena e imponer su religión motivó a crear poblados de indios y a pesar de las Leyes Nuevas de Carlos V, los encomenderos se idearon todas las formas legales e ilegales para obviar las regulaciones del emperador para su beneficio personal en detrimento de la vida de los aborígenes. Con la extinción indígena, la introducción de esclavos africanos marcó otra de las etapas críticas sociales de la comarca. Tanto por la intención productiva de los españoles a toda costa como por la tragedia social, personal y colectiva de los esclavos.

Minería, hacienda y comercio en Llanogrande

En el último cuarto del siglo XVI, se desarrollaron entables mineros en las regiones del litoral como Anchicayá, El Raposo y Sabaletas, y en la frontera de las ciudades de Toro y Anserma, limítrofes con el Chocó. Poco a poco, y a pesar de los costos de la Composición de Tierras de 1637, ordenada por la Real Audiencia de Quito para que los propietarios de los terrenos realengos otorgados por los cabildos y

28

gobernaciones, durante los años de conquista, los terratenientes de la Otra Banda empezaron a consolidar sus latifundios y a establecer lazos matrimoniales y de comercio con otros dos sectores pujantes de la sociedad como eran los comerciantes y los mineros.

Para 1637, entre Cali y Buga, había 79 propietarios de tierras de los cuales solamente el 20% de ellos acaparaba la mitad de ellas. Los demás eran dueños de predios con escaso valor donde el mayor precio lo constituía el ganado y los esclavos, no así el precio de la tierra cuya tenencia se hacía más como figuración social que por solvencia económica.[45]

De tal manera que las clases más acomodadas de la sociedad colonial vallecaucana conformaron una alianza de terratenientes, mineros y comerciantes. En contraparte, las clases populares estaban formadas por los mestizos, mulatos, españoles pobres y los esclavos libertos que con la dinámica desarrollada a partir de los siglos XVII y XVIII originaron el campesinado vallecaucano y una capa social genérica conocida como los *libres de todos los colores.* Todos estos procesos sociales, políticos y económicos evolucionaron bajo la cultura del Antiguo Régimen, permeado por la cultura religiosa católica, el concepto de orden y la cultura de la salvación mediante el cual las clases pudientes impulsaban la economía a través de la fundación de capellanías y obras pías para la salvación de sus almas y de sus familiares, en una fusión del interés público con el privado.

En realidad, el gobierno monárquico se ejercía a través de las corporaciones creadas desde el medioevo en la que la Corona compartía autoridad y responsabilidad con los que representaban, conducían y ayudaban al gobierno. Los contratos ofrecidos a los conquistadores y sus huestes, para conquistar, fundar y poblar ya había sido consolidado y ahora empezaba el ejercicio del gobierno colonial. Existía en el trasfondo social, una comunión de objetivos permeada por la cultura política en torno al bien común y el buen gobierno. También había amalgamiento cristiano en torno a lo social y político. Los lugares de culto permitieron la estructuración feudal y desde los monasterios, las cofradías hospitalarias y caritativas con sus

---

[45] Colmenares, Germán (1983), *Cali: terratenientes, mineros y comerciantes. Siglo XVIII*, Colección Sociedad y Economía en el Valle del Cauca, Tomo I, Banco Popular, Bogotá, pp. 31-32.

misiones de ayudar a los pobres y al bien común, inspiraron a los laicos a acompañarlos en esa labor[46].

Los conceptos corporativos de vocación hacia la educación, la beneficencia y la devoción, así como hacia la utilidad, fueron complementados por los juristas. Estos hicieron coincidir los compromisos morales que existían tanto para la monarquía como para las corporaciones en el gobierno de los asuntos temporales (economía) y espirituales (salvación). Esto condujo a que la caridad y la limosna fueran un medio para la salvación de las almas y propició la fundación de obras pías y capellanías. Estas últimas fueron las que impulsaron la economía colonial mediante préstamos a particulares. Los beneficios de las rentas enriquecieron a las órdenes religiosas y se destinaron al esplendor del culto, el fomento del rito católico y a las instituciones hospitalarias[47].

Es así que en Llanogrande, bajo jurisdicción de Buga y en Yunde, bajo la tutela de Cali, las estancias se transformaron en haciendas para surtir con carnes, aguardiente y productos agrícolas a las regiones mineras del Chocó, El Raposo y Barbacoas. Una de dichas haciendas era El Palmar, situada en la ribera izquierda de un riachuelo llamado de Juan Romero o simplemente zanjón del Palmar. Era propiedad del capitán Francisco Rengifo Salazar. Alrededor de esta hacienda se fueron estableciendo las viviendas de los peones, esclavos, terrazgueros y campesinos que trabajaban en El Palmar y haciendas vecinas.

En 1619 los hijos de Gregorio Astigarreta El Viejo vendieron a Rodrigo Arias en 274 patacones[48], un extenso terreno que este latifundista donó el 6 de diciembre de 1651 a los jesuitas del Colegio de Popayán. Allí, la orden de Loyola instaló la hacienda Nuestra Señora de la Concepción de Nima.[49]

---

[46] Lempérière, Annick (2013), *El bien común y el buen gobierno* y *El gobierno sin estado*, en *Entre Dios y el rey: la república. La ciudad de México en los siglos XVI al XIX*, México, Fondo de Cultura Económica, pop. cit., pp. 25 y 28-29.

[47] Ídem, pp. 43-48.

[48] Archivo Histórico de Cali (AHC), Fondo Escribanos, 2 de abril de 1619, ff. 169-170. También en Archivo Central del Cauca (ACC), Sign. 1431 Col CI-12nt y Sign. 1520 Col JI-1cv.

[49] Archivo Central del Cauca (ACC), Sign. 883 Col. CI -12nt.

Sobre el margen derecho del zanjón del Palmar se había fundado para 1666 el hato de Nuestra Señora de Loreto que criaba ganado. Se tienen registros de una transacción por 4.500 reses a entregar en tres lotes de 1.500 novillos hasta 1669 a otras estancias de la región[50]. El 6 de marzo de 1705, Nicolás Lasso de los Arcos y su esposa Faustina Solarte Benavides, vendieron la hacienda al cura doctrinero de indios de San Jerónimo de los Ingenios, el maestro, Francisco Cobo de Figueroa.[51] En 1723, fue vendida a Manuel Crespo Lozano y su mujer. La hacienda constaba de tierras, capilla, esclavos y casa y fue tasada en 7.678 patacones (pesos) de los cuales 900 valían las tierras, 2.060 patacones los ganados, 3.540 los esclavos y 1.178 patacones en otros bienes. El 10 de diciembre de 1726 fue vendida a Diego Rangel por 7.639 patacones, pero, había aumentado su gravamen de censos hasta 3.600 patacones.[52] Para el año de 1779 el presbítero Miguel Durán era el dueño de Loreto. Poco después la adquirió en remate público, el maestre de campo Pedro Antonio Sánchez de Hoyos. Al fallecer este, en diciembre de 1793, la dejó en herencia a sus hijos.

Otra de las haciendas originales fue La Herradura situada en el sector de Yunde. Hacia 1650, los hermanos Juan Lasso de los Arcos y Onofre Lasso junto a Miguel Vivas Sedano compraron a Juan Romero las tierras de La Herradura por 250 patacones. El amplio latifundio se extendía al noroeste hasta el Paso de la Torre; al sur hasta el Bolo; por el oeste hasta el río Cauca y al oriente con tierras de los Lasso[53]. En 1682, Juan Lasso de los Arcos había comprado una tercera parte de La Herradura a Beatriz Ordóñez de Lara viuda de Francisco Rengifo Salazar[54]. Durante el siglo XVIII la hacienda sufrió segregaciones, compras y pleitos con los vecinos de las distintas familias y miembros principales de ellas como los Vivas Sedano, los Saavedra y Vivas, los Cárdenas, los Pérez Serrano, los Cobo, los Figueroa y los Escobar Lasso,

---

[50] AHC, Fondo Escribanos, 5 de enero de 1666, Notaría Primera, ff. 99-99v.

[51] Arboleda, Gustavo (1956), *Historia de Cali*, Tomo I, p. 261. También en Tascón (1938), *Historia de la Conquista de Buga*, p. 261.

[52] Colmenares, op. cit., pp. 59 y 191. Wenceslao Quintero dice que el nombre de la esposa de Manuel Crespo Lozano era Antonia Cobo Rengifo (Quintero, op. cit. p. 326)

[53] Arboleda (1956), Tomo I, p. 213.

[54] Arboleda (1956), Tomo I, p. 306.

familias formadas por lazos matrimoniales, de filiación y por vecindad.[55]

Estas cuatro grandes haciendas entre una decena de propiedades de importancia fueron las que para 1700 marcaban la actividad agropecuaria del territorio de Llanogrande y Yunde. Entre los límites de ellas había estancias y haciendas como San Jerónimo, El Alisal y Pantanillo, situadas en Llanogrande pero al margen derecho del río Amaime. La hacienda Aguaclara situada a la ribera izquierda del Amaime y que se extendía al sur en un primer momento hasta el zanjón Mirriñao también fue una importante propiedad que fue segregada para dar origen a otras propiedades o absorbida en parte por la hacienda de los jesuitas por compras sucesivas. Malibú, fue otra propiedad que sufrió desde 1628 transformaciones en su extensión.

Es este año de 1700 de gran importancia para la historia mundial. Se produce el cambio de dinastía en la monarquía española tras la Guerra de Sucesión. Los emperadores Habsburgo o Austrias: Carlos I, Felipe II, Felipe III, Felipe IV y Carlos II, habían reinado casi dos siglos entre 1516 y 1700. Tras la guerra, triunfa la facción francesa de los Borbones que emprendería una serie de reformas en la monarquía que marcarán adelantos en la conformación de las sociedades modernas a partir de la Revolución Francesa de 1789 pero a la postre, también conducirán a la pérdida y el declive de la monarquía española que durante el reinado de Felipe II (1556-1598) dominaba un vasto territorio donde *no se ponía el sol*, refiriéndose a sus posesiones en América, Europa, África y Filipinas en Asia.

Pues bien, el siglo XVIII marcó el apogeo de las haciendas de Llanogrande. Surgieron Santa Bárbara del Hatico, El Papayal, Malagana, El Yegüerizo, Malaganita, Trejo, Coronado, Vilela, Concepción de Amaime, Piedechinche, Cienagalarga, entre otras.

---

[55] Para mayor detalle consultar nuestra obra "Estancias y haciendas de Llanogrande y Palmira, 1570-1970" (2022).

CAPÍTULO 5

SURGIMIENTO Y URBANIZACIÓN DEL PUEBLO DE LLANOGRANDE

La hacienda y la parroquia como génesis

A la muerte de Francisco Rengifo Salazar, la hacienda fue vendida en 1681 por su viuda Beatriz Ordóñez de Lara a su hijo Pedro Rengifo de Lara en la suma de 400 patacones. [56]

Para 1700 se produjo el cambio de dinastía en la monarquía española. Asumieron el control los Borbones que habrían de adelantar cambios que estremecerían los cimientos de la deteriorada monarquía en conflicto con las crecientes potencias europeas que le disputarían la hegemonía de las colonias de ultramar.

Para ese momento, en Llanogrande había dos curas doctrineros: uno en la doctrina de San Jerónimo y otro en la doctrina de La Candelaria, aunque en territorio de Caloto, financiado por terratenientes de Cali que tenían sus propiedades en las cercanías. Para comienzos del siglo XVIII, una tercera doctrina fue establecida en el ya incipiente caserío desperdigado en el territorio llamado Llanogrande. Con el reconocimiento como Parroquia de este sector, participaba de los oficios religiosos el cura Gaspar de Oviedo [57].

No disponemos del documento oficial del obispo Juan Gómez de Frías de la proclamación de Llanogrande como Parroquia, pero sí es claro que, para el 12 de septiembre de 1722 ya estaba establecida una capilla en el vecindario y ese día se hizo apertura al Libro de Bautismos que rezaba:[58]

---

[56] Archivo Histórico de Cali, Notaría Primera, 1681, vol. 6, ff. 71v-72v.

[57] Arboleda, Tomo II, p. 52. Tanto Arboleda como Tulio E. Tascón en *Historia de la Conquista de Buga,* edit. Minerva, 1938, f. 260, afirman que Gaspar de Oviedo fue nombrado cura en 1723.

[58] Archivo Parroquial de Nuestra Señora del Palmar (APNSP), Palmira, Libro 1 de Bautizos, f. 1.

33

Libro en el que se asientan los que se baptizan en este sitio de Llanogrande, hecho por el Dr. Gaspar de Oviedo cura doctrinero y teniente de Vicario de la ciudad de Buga y de Cali en dicho sitio por el Ilustrísimo Dr. Don Juan Gómez de Frías, obispo de Popayán, y en lo que dicho libro ya asentado es cierto y verdadero, que así lo juro. Fecho el día doce de septiembre del año de mil setecientos y veynte y dos= Dr. Gaspar de Oviedo.

Los bautismos se empezaron a realizar en la nueva parroquia a partir del 20 de septiembre de 1722 con el bautizo del niño Ignacio, hijo de los pardos Ignacio Angola y Petrona Velásquez. Ya para ese momento, la capilla adoptaba el nombre de Nuestra Señora del Palmar[59]

En 1723, el presbítero Francisco Cobo de Figueroa, dueño de la hacienda de Loreto la vendió a Manuel Crespo Lozano y su mujer Antonia Rengifo Baca[60]. Se reservó para sí, los ornamentos de culto de su capilla que fueron donados a la capilla de El Palmar y el 22 de octubre de 1724 se instalaron allí[61]. Lo más probable es que alrededor de la capilla de la hacienda El Palmar, se convocaran los vecinos pertenecientes a las castas de libres que hacían de arrendatarios, terrazgueros, peones y dueños de pequeñas parcelas, como ya se anotó.

La hacienda de Loreto estaba separada de la hacienda El Palmar por el zanjón del mismo nombre. Manuel Crespo Lozano y su mujer se desprendieron de Loreto en 1726 al venderla a Diego Rangel, para ampliar la hacienda contigua de El Yegüerizo perteneciente a su esposa[62]. Añade Germán Colmenares que entre Loreto y El Yeguerizo:

Los derechos de tierras de una y otra hacienda tenían origen diverso. Nuestra Señora de Loreto, por ejemplo, tenía un cuerpo principal avaluado en 1726 por 600 pts., que habían sido de

---

[59] Archivo Parroquial de Nuestra Señora del Palmar, Palmira, Libro 1 de Bautismos, f. 1.

[60] *Archivo Histórico de Cali,* Notaría Primera, *1723, vol. 10, ff. 30-32.*

[61] Arboleda, Tomo II, pp. 52-53.

[62] Colmenares, Germán, *Cali: terratenientes, mineros y comerciantes,* pp. 207-208.

Nicolás Lasso y antes de su padre. Juan Lasso de los Arcos. También incluía tierras que habían sido del capitán Francisco Renjifo y que dieron origen a un pleito entre sus herederos y los de Crespo a mediados del siglo. En cuanto al Yegüerizo, incluía tres derechos de tierras: uno, llamado "El rincón de Cifuentes" que había heredado Doña Antonia Renjifo, otro que su marido compró a Juan de Silva Saavedra y otro comprado a Don Francisco Renjifo.

El 11 de octubre de 1734, Antonia Rengifo Baca, ya viuda, vendió El Yegüerizo a Gregorio de Saa y Rengifo[63]. Este contrajo compromisos de respaldar un censo de 1.600 patacones para la tutela de los derechos de las hijas de Crespo Lozano y de su viuda y para ello hipotecó su hacienda de Aguaclara[64].

Desconocemos cómo llegó la hacienda de El Palmar a manos de Gregorio de Saa Rengifo y sus hermanos, pero esta consolidación de tierras, permitió la urbanización definitiva del poblado de Llanogrande.

Donación de tierras de El Palmar a la Cofradía

El 4 de diciembre de 1758 fue la fecha en que Gregorio de Saa Rengifo donó la tierra a la Cofradía de Nuestra Señora del Palmar[65]. Cien días más tarde, el 15 de marzo de 1759, el señor Gregorio Rodríguez Molano tenía hipotecada una casa "de teja alto y bajo y solar en que está fundada que tiene y posee en uno de los frentes de la plaza de la población del dicho sitio de Llanogrande" [66] y a los pocos días, el 1° de abril de 1759, en Buga, elevaría escritura para hipotecar cinco esclavos que poseía en Llanogrande[67]. Esto significa que ya en marzo

---

[63] Archivo Histórico de Cali, Notaría Primera, vol. 15, 1734, ff. 86v-90v. Este y otros documentos relativos a la gestación del poblado de Llanogrande aparecen en los Anexos al final de este libro transcritos con su paleografía desde el original.

[64] Archivo Histórico de Cali, Notaría Primera, vol. 15, 1735, ff. 198v-199v.

[65] La escritura original no la hemos hallado ni en Cali ni en Buga, pero aparece referenciada en una extensa escritura del 24 de abril de 1761, (Archivo Histórico de Cali, Notaría Primera, vol. 38, ff. 113-115).

[66] Archivo Histórico de Cali, Notaría Primera, vol. 35, 1759, ff. 69-70.

[67] Archivo Histórico de Buga, Caja 14, 1756-1759, ff. 336-337.

de 1759 había plaza y ya había lotes construidos en Llanogrande. El interrogante es si ¿en un poco más de tres meses se pudo lotear y construir una casa? Nos parece que no. Entonces ¿cómo pudo construir Rodríguez Molano su casa de dos pisos? Creemos que antes de la donación, Gregorio de Saa había otorgado a particulares lotes en el terreno para que adelantasen sus construcciones.

Después vino un período de retraso en los deseos del donante a pesar que en febrero de 1760, el cura de Llanogrande, Juan de Barona informó al obispado en Popayán de la donación del terreno y su estado.

Las autoridades eclesiásticas de Popayán respondieron y el 16 y 17 de abril de 1760, en sendas comunicaciones por parte del Vicario General del obispado de Popayán, Antonio Suazo Mondragón, de la donación de dos años antes y ordenaba al cura de Llanogrande Juan de Barona, pusiera en venta por remate de los lotes en la forma como fuera más conveniente para la Cofradía y para el vecindario y colocara en censo los réditos del negocio[68]. Por alguna circunstancia volvieron a repetir el pedido el 29 de julio de 1760.[69]

El 28 de septiembre de 1760, Juan de Barona comisionó al mayordomo de la Cofradía, Pedro de Soto y Truenos, para que estableciera los precios de los lotes y cuadras de tierra que se venderían y elevara las escrituras correspondientes de las ventas. Se fijó un precio de 100 patacones para los lotes centrales, 50 para los inmediatos y 10 patacones para los de la periferia.[70]

En la donación, Gregorio de Saa Rengifo había establecido que fuera el patrono de la obra pía su hermano Bernardo de Saa. Pasaron seis meses y posiblemente se vendieron algunos lotes y Bernardo ya había renunciado al cargo de patrono. Es para abril de 1761 que se registran de nuevo ventas de los lotes donados a la cofradía.

También en sendas comunicaciones de abril y octubre de 1761 se le pedía a Gregorio de Saa determinara los dos predios que había reservado para sí, del total del globo de tierras donado. La respuesta del donante, logra dilucidar y ratificar un aspecto importante: ya había

---

[68] Archivo Histórico de Cali, Notaría Primera, 1761, vol. 38, ff. 113-116v.

[69] Archivo Histórico de Cali, Notaría Primera, 1761, vol. 38, ff. 117-118v

[70] Archivo Histórico de Cali, Notaría Primera, 1761, vol. 38, ff. 118v-119.

construcción en la tierra donada. Porque Gregorio de Saa pide que se le otorguen un solar en la esquina de la plaza donde hubo construida antes una casa de lazareto y también otro predio donde tenía fundado su hermano Bernardo de Saa, patrono de la obra pía[71].

De tal manera, Pedro de Soto y Truenos vendió solares y cuadras de terrenos entre el 21 y 26 de abril de 1761 a Nicolás Díaz, Francisco Clavijo, Bernardo Verón, María Arias, Inés Rosales, Gregorio Escobar, Rosa Orejuela, Domingo Candelo, Gregorio Molano, George Domínguez, Joseph González, Feliciano González, Juan Joseph de Rojas, Baltasara Holguín, Manuel Rengifo, Antonio Morillo, Benito Marmolejo, Agustín de Rivas, María Bejarano y Pablo Orbea[72].

En 1766 se celebró una escritura donde Pedro Rodríguez Guerao afirma haber recibido en 1762, un préstamo de 600 patacones de la Cofradía de Nuestra Señora del Palmar por concepto de venta de solares[73]. De ese mismo año, en abril de 1766, hay una constancia del pago del saldo de la deuda por venta en 1761 de un predio de la Cofradía a Benito Marmolejo en la cantidad de 150 patacones[74].

De igual manera el 26 de septiembre de 1782, la Cofradía vendió cuatro cuadras de tierra a Mateo Marmolejo[75]. El 3 de mayo de 1784 hubo una venta de una cuadra de tierra con casa y sembrados en Llanogrande de Gregorio Marmolejo a Juan Nogales por la suma de 130 patacones y un lote de 72 varas de Mateo Marmolejo al mismo Nogales en la cantidad de 50 patacones[76].

Ya hemos visto que hubo un dinámico comercio de solares en Llanogrande a partir de 1761 pero como anotamos antes, hubo construcción de casas incluso en el período anterior a la donación de Gregorio Saa a la cofradía el 4 de diciembre de 1758. El punto final de la urbanización de Llanogrande vino tras una serie de eventos donde la élite llanograndina acaparaba la tierra, la factoría del tabaco, el

---

[71] Archivo Histórico de Cali, Notaría Primera, 1761, vol. 38, ff. 122 y 120-121v.

[72] Archivo Histórico de Cali, Notaría Primera, 1761, vol. 38, ff. 111v y 122-155.

[73] Archivo Histórico de Cali, Notaría Primera, 1766, ff. 226-227.

[74] Archivo Histórico de Cali, Notaría Segunda, vol. 14, 1784, f. 109

[75] Archivo Histórico de Cali, Notaría Segunda, 1782, ff. 178v-180.

[76] Archivo Histórico de Cali, Notaría Segunda, vol. 14, 1784, ff. 108v-112. Por los precios se infiere que los predios estaban alejados de la plaza principal del poblado.

ejercicio del gobierno y las relaciones de clientela con los estamentos de poder de Popayán, Buga y Cali. En 1792 había sido nombrado como Factor del Tabaco en Llanogrande, el español Joaquín Castro y García. En ese momento Pedro Antonio Sánchez de Hoyos era el dueño de la hacienda de Loreto. Al morir este en 1793, le heredaron sus hijos, una de las cuales, Margarita Hoyos estaba casada con Gabriel de Francisco Prado. Otra hija, Josefa Sánchez de Hoyos[77] estaba casada con el mencionado Joaquín Castro y García. El otro hijo, homónimo de su padre, Pedro Antonio Sánchez de Hoyos García, sería luego dueño único de Loreto e importante terrateniente durante las guerras de independencia. También fue Factor del Tabaco y senador.

En 1796 el Gobernador de Popayán Diego Antonio Nieto visitó Llanogrande y respaldó al Factor de Tabacos Joaquín Castro y García para delinear las calles. Por eso no es de extrañarse los negocios de finales de siglo en que los Sánchez de Hoyos acapararon el poder en Llanogrande.

El 5 de septiembre de 1798, Vicente Olave, cura de Llanogrande a nombre de la Cofradía de Nuestra Señora del Palmar vendió a Gabriel de Francisco Prado una extensión de tierra por la suma de 2.000 patacones. Parte de la escritura reza así [78]:

Que el señor don Gregorio de Saa y Rengifo Comisario Mayor del Santo Oficio, y vecino en esta a los cuatro días del mes de diciembre del pasado año del 58 hizo donación perfecta e irrevocable con fuerza de intervivos a la cofradía Nuestra Señora del Palmar que se venera en esta Santa iglesia y en obsequio de su divino culto, de un derecho de tierras que se contiene en esta misma población bajo los linderos que en ella se expresarán y corren en lo largo del lindero que es y se conoce de las tierras que fueron de don Pedro Rengifo y hoy, pertenecen al Señor alcalde ordinario don Cayetano Vivas con quien linda por esta parte, desde cuyo término corre hasta una zanja honda y seca que se halla antes de llegar a la hacienda y casa nombrada El Guayabal, que fue de don Francisco Sinisterra y en la actualidad poseen don

---

Simón Cárdenas y don Josef Manuel Pizarro, y en lo ancho todo el globo que encierra dicha zanja y el zanjón de Romero, de tal modo que la dicha zanja lindero, se conoce por la parte de abajo por el zanjón del Salado, dentro cuyos límites queda comprendida y deslindado todo el globo.

Por último, conviene saber que, en la ya citada escritura de venta a Gabriel de Francisco Prado de 1798, se hace claridad que ya hay derechos de tierras vendidas por la Cofradía, entre ellas las de 1761. En especial se refiere a los deseos del donante Gregorio de Saa:

Primeramente los solares que dice el donante fuesen más a su gusto para fundar dos casas con todas las oficinas correspondientes que precisamente han de ser y son los mismos que le fueron señalados judicialmente por el señor Doctor Juan de Varona difunto cura y Vicario que fue de este pueblo desde el año de 1761 a los 21 días del mes de abril, conocidos desde aquel tiempo, el uno junto a la iglesia en la esquina de la plaza donde tuvo dicho señor donante situada una casa de paja que dedicó para su vivienda, que hoy corresponde a doña María Manuela de Lenis por muerte del dicho don Juan de Varona; y las tierras donde en el dicho año de 61 tuvo fundada posesión don Bernardo de Saa patrono de esta obra pía, la cual posee hoy don Josef Manuel Pizarro; ítem dos derechos que tenía vendidos dicho señor donante a don Gregorio Molano: el uno donde éste fundó su casa de teja, en la misma plaza en la cual al presente se halla la Real Factoría del Tabaco bajo los cercos que le guardan y cierran; y el otro donde tenía su tejar el dicho Molano que compone una cuadra de 108 varas tanto en largo como en ancho. Ítem la tierra en que también al presente tiene su casa de teja doña Mariana de Cárdenas según la tiene cercada con don Domingo de Saa, por un costado. Ítem un solar que compró Rosa de Borja y en el día lo tomó doña Tomasa Alarcón el cual era de don Francisco Baca. Ítem la tierra en que tiene su casa don Manuel de Guzmán conforme a la escritura de compra que hizo a don Feliciano González. Ítem la tierra que tiene doña Josefa Llamas entre el zanjón de Romero y la acequia de donde bebe este pueblo. Ítem dos cuadras que fueron de don Benito Marmolejo. Ítem cuatro cuadras que asimismo fueron del padre don Mateo Marmolejo.

Ítem una cuadra que fue de Rita de Soto. Ítem otra cuadra que fue de Francisco Clavijo. Ítem solar que fue de Carlos Núñez y en donde vive la viuda de Serqueira. Ítem el terreno donde se halla construida la Santa Iglesia parroquial y el lugar del campo santo que estaba haciendo que todo con su cercado llegan hasta la dicha acequia; los cuales derechos exceptuados deberán acreditar los interesados que los poseen con los instrumentos de las compras que hayan verificado para conocimiento de sus legítimas propiedades.

Es importante anotar lo que se desprende de esta escritura: que Gregorio de Saa había vendido derechos a Gregorio Molano en la plaza de la Factoría que debería pertenecer a la hacienda de Loreto, terrenos situados al margen derecho del zanjón del Palmar. Esto significa dos cosas: que también en esa época de 1798, se encontraba parte de la hacienda de Loreto en loteo y que Gregorio de Saa posiblemente obtuvo parte de tierras en Loreto, ya sea por compra o por pleitos. De tal manera, pudo vender tierras situadas en Loreto a Gregorio Molano. De todos modos, estas tierras de las haciendas de Loreto, propiedad de los Sánchez de Hoyos y las de El Palmar en poder de la Cofradía y compradas por Gabriel de Francisco Prado, culminaron el proceso de monopolizar la tierra urbanizada y urbanizable.

Por los documentos notariales y eclesiales donde se registran las condiciones que había impuesto el obispo de Popayán para la venta de la tierra de la Cofradía por la suma de 3.880 patacones, según avalúo de 1797, y su final venta por solo 2.000 patacones, conllevan a concluir que la compra obedeció a deliberados intereses económicos de las familias más ricas. La crisis de las haciendas, las intrigas en los cabildos de Cali y Buga entre españoles y criollos y los aires de revueltas populares de la época, hizo que estos hacendados y funcionarios virreinales vieran la tierra como fuente de ingresos mediante la especulación y el monopolio. Los mismos Rengifo, Saa y Rengifo, Sinisterras, Cárdenas; Sánchez de Hoyos, Molanos, eran dueños de tierras y algunos estaban emparentados entre sí. Gabriel de Francisco Prado era el administrador de la Real Alcábala de Llanogrande y junto a la familia de su mujer Margarita Hoyos y sus cuñados, dueños de Loreto, se encargarían de urbanizar el poblado de Llanogrande y de Palmira en el siglo XIX, monopolizando los cargos públicos como ya anotamos: la Factoría del Tabaco en su concuñado Joaquín Castro (esposo de Josefa Sánchez de Hoyos) y luego en su cuñado Pedro Antonio Sánchez de Hoyos García. De igual manera, los hijos de Margarita Hoyos y Gabriel de Francisco Prado, llamados Corcino y Rafael Prado Hoyos, desempeñaron cargos de jueces y abogados en diferentes causas por el control del poder local a veces junto o en contra de las familias Cabal, Concha, Fernández de Soto, Cárdenas, entre otras.

Intento de convertirse en villa en 1794

En ocasión de la visita del Gobernador de Popayán, varios ciudadanos de Llanogrande se reunieron en julio de 1794 para solicitar mediante carta al Gobernador Diego Antonio Nieto su intermediación para solicitar al virrey la designación del poblado como Villa para separarse de la tutela de los cabildos de Cali y Buga[79].

El 10 de julio de 1794, una veintena de ciudadanos firmaron la carta para el Gobernador de Popayán. En ella describían las dificultades para hacer sus diligencias comerciales, notariales y judiciales tanto en Buga como en Cali por la distancia y la dificultad en invierno de atravesar ríos desbordados. Adjuntaban el último censo poblacional y manifestaban que en la localidad había 457 familias con unos 5.000 pobladores y habitaban 62 blancos; las propiedades de los pobladores sumaban 834.000 patacones en ganados, haciendas, trapiches, esclavos y frutos. La carta fue reenviada el 8 de agosto de 1794 con mayor explicación por parte del Gobernador al Virrey Manuel de Ezpeleta en Santa Fe. Este contestó el 6 de septiembre que avisara a la población de Llanogrande que formalizara su pretensión conforme a derecho. Para tal efecto, los pobladores nombraron apoderados y elaboraron un pliego de preguntas tendientes a ilustrar las distancias a los centros de población, los ríos, las edificaciones actuales para alojar las dependencias del gobierno, cárceles, productos de la tierra, entre otros datos. Todo esto fue realizado formalmente y enviado a la instancia superior, Lo cierto del caso es que la solicitud no fue

---

[79] Al final, en los documentos inéditos se encuentran las cartas y comunicaciones de este caso que se extendió hasta 1795.

atendida. No conocemos documentos de lo sucedido en adelante con la pretensión pero, lo cierto es que solo hasta 1813, logró bajo acciones de hecho proclamarse como villa.

Proclamación de Palmira en 1813

Para entender por qué a finales de 1813, los ciudadanos de Palmira proclamaron la independencia como villa, debemos conocer el contexto sociopolítico del momento en el marco de las guerras de los criollos contra el imperio español. La era independentista, en realidad está constituida por varias fases:

1. <u>Época autonómica de 1810-1813</u>. Durante el cual los criollos divididos en dos visiones, la una al mando de Camilo Torres, federalista y clasista con deseos de continuar el poder hegemónico español pero manejado por los criollos y una segunda visión del sector de Antonio Nariño, con cercanía a los vallecaucanos Joaquín de Cayzedo y Cuero y José María Cabal que propendía por un gobierno centralista, democrático con el surgimiento de villas y poblados que lograran desligarse de la hegemonía de las ciudades fundadas por los españoles. Estas rivalidades dieron inicio a las guerras de la Patria Boba en los ejércitos del centro del país mientras los vallecaucanos formaban las Ciudades Confederadas del Valle del Cauca en febrero de 1811 que expulsaron a los españoles de Popayán tras la Batalla del Bajo Palacé el 28 de marzo de 1811.

2. <u>Época independentista, 1813-1816</u>. El 1° de julio de 1813, Juan Sámano invadió de nuevo Popayán desplazando el gobierno de las Ciudades Confederadas hacia el Valle del Cauca. El 15 de julio de 1813, Antonio Nariño ganador de las guerras civiles de la capital proclamó en Santa Fe, la independencia de la Nueva Granada y desvincularse definitivamente de la figura del rey español. Ante la petición de ayuda del gobierno vallecaucano envió sus tropas a finales de 1813 hacia el Valle del Cauca. A finales del año, el 30 de diciembre de 1813 en Alto Palacé y el 15 de enero de 1814 en la Batalla de Calibío, las tropas de Nariño y José María Cabal vencieron a Sámano y recuperaron

Popayán. Luego vino la fallida Campaña a Pasto de Antonio Nariño que permitió de nuevo a los españoles recuperar a Popayán, y más tarde, el intento de los españoles al mando de Vidaurrázaga para invadir el Valle del Cauca. Los patriotas al mando de Cabal, Serviez, Córdova entre otros, los vencieron en la Batalla del Río Palo el 5 de julio de 1815. Este periodo de independencia del territorio se prolongó un corto tiempo, hasta la fatídica Reconquista Española cuando Morillo llegó a la Nueva Granada y todas las fuerzas españolas desplegadas en varios frentes derrotaron a los patriotas en febrero de 1816 en Cachirí y el 29 de junio de 1816 en la Batalla de la Cuchilla del Tambo.

3. <u>Época del Terror, 1816-1819</u>. Se comprendió desde la toma de Popayán por Sámano tras vencer a los patriotas en El Tambo. De inmediato comenzaron tres años de persecución, fusilamientos, destierros y confiscación de bienes y demás atropellos contra los patriotas, sus mujeres y familias por haber luchado en la causa independentista. Bolívar por el oriente y las castas vallecaucanas de hombres y mujeres libres en el Valle del Cauca, logaron en 1819 derrotar a los españoles.

4. <u>Independencia del sur, 1819-1824</u>. Fueron las guerras pendientes que tuvo que afrontar Bolívar y Sucre al mando para liberar a Pasto (Bomboná), Quito (Pichincha), Perú (Junín) y Alto Perú (Ayacucho).

Es por eso que en ese marco de rebeldía contra el poder español de Popayán que los ciudadanos patriotas de Llanogrande al saber de la llegada del ejército de Antonio Nariño en ayuda de los vallecaucanos que convocan a una reunión el 25 de diciembre de 1813 en la sede de la Factoría del Tabaco.

[...] el día veinticuatro de diciembre del año próximo pasado en que nos hallábamos llenos de las mayores confusiones y apenas con la esperanza de que se ausentaban los enemigos de nuestra causa justa que defendemos y que ocupan el Valle, fuimos citados por el Alcalde del Partido de Llanogrande, don Joaquín Quintero (hechura del sátrapa que tiranizó el Valle don Juan Sámano) para que al día siguiente veinticinco del mismo, concurriésemos a

Llanogrande a oír cierta providencia superior. En efecto por obedecer comparecieron algunos el día y hora aplazados y haciéndonos subir al alto de la casa que sirvió de factoría, sin dársenos a saber a nadie el objeto de la congregación, se pusieron centinelas armadas en la puerta y gradas de la salida para que a nadie se le permitiese salir, ni aun a la diligencia más precisa.

Así nos mantuvimos los concurrentes por algunas horas hasta que acabando de escribir el que forjaba aquella obra que aún no pensábamos, Simón Cárdenas la dio a luz y publicándola salió ser una aclamación de Villa de aquél pueblo con título de Palmira [...]

Firman: Francisco Vaca; Pedro José Calero; Manuel Pérez; José Francisco Llori, Tomás Rodríguez; Juan Amaya, José Ignacio Salazar; José Quintero [y otros]."[80]

Por tanto, Palmira nació como un hecho social de parte de sus habitantes en 1813. Es de anotar que en 1816 cuando llegó el terror español a la comarca, los ciudadanos de Palmira fueron obligados a abjurar de su pretensión de separarse de Buga y Cali.

Creación de Palmira como ente oficial republicano en 1824

Mediante la Ley N°156 sancionada el 25 de junio de 1824 en su Artículo 9° determinaba que el Departamento del Cauca, comprendía cuatro provincias: la Provincia de Popayán con capital Popayán; Provincia del Chocó, capital Quibdó; Provincia de Pasto con su capital Pasto; Provincia de Buenaventura con capital Iscuandé.

Los cantones de la Provincia de Popayán quedaron establecidos como: Popayán, Almaguer, Caloto, Cali, Roldanillo, Buga, Palmira, Cartago, Tuluá, Toro y Supía.

---

[80] Tascón, Tulio Enrique (1939), *Historia de la Conquista de Buga,* Editorial Minerva, Bogotá, p.p. 264 a 266.

La controversial fundación y creación de Llanogrande y Palmira

Se ha debatido sobre la creación o fundación de Llanogrande o Palmira. Existen diferentes ópticas para enfocar el asunto. Jurisdiccionalmente, la colonia española determinaba rangos de estatus tanto a los entes territoriales como a las personas. Las corporaciones (cabildo, cofradía, universidad, congregación, entre otras), conformadas por individuos, adquirían vida jurídica a través de los estatus o estados con personería jurídica. Los territorios divididos en reinos, virreinatos, gobernaciones, ciudades, villas, partidos, parroquias, vice parroquias, mantenían una jerarquía jurídica dentro del Antiguo Régimen como una sociedad pluricéntrica que manejaba el poder desde diferentes centros de intensidad.

Por tanto, hacia comienzos del siglo XVIII, el territorio de Llanogrande estaba constituido por estancias y haciendas bajo la jurisdicción de las ciudades de Cali y Buga. El sistema político monárquico español en la coexistencia de dos autoridades paralelas del Rey y el Papa, a través del Patronato, le daba estatus jurídico a una región de reciente crecimiento poblacional haciéndola vice parroquia o parroquia. Eso sucedió en 1722 con el caserío de Llanogrande. Al erigirla como Parroquia se dio nacimiento a un ente jurídico. Otro punto de vista es el sociológico. El del carácter social e ideológico dentro del cual se desenvolvió ese desarrollo. La proclamación de Palmira como villa el 25 de diciembre de 1813, marca una ruptura con el orden establecido, es decir, con el Antiguo Régimen. Es allí donde se puede establecer claramente la diferencia entre una Llanogrande colonial y una Palmira republicana que tuvo un propósito eminentemente libertario e ideológico aunque, se haya mantenido una misma ocupación y organización urbanística.

Por eso asignar una fecha o hito histórico a la creación de Palmira no es sencillo. El mismo hecho de cambiar radicalmente un nombre (Peté/ Otra Banda /Llanogrande/ Palmira) muestra ya un carácter social diferente. Palmira fue gestada como hecho, el 25 de diciembre de 1813 y fue ratificada en derecho por el vicepresidente Santander el 25 de junio de 1824. Si se refieren al poblado de Llanogrande habría que asignarle su nacimiento jurídico en el momento de su designación como Parroquia el 12 de septiembre de 1722. Un acontecimiento simbólico importante sería el del 24 de octubre de 1724 cuando fue colocado el Santísimo Sacramento en la capilla parroquial pero no es más que un ritual de confirmación sobre un hecho jurídico ya asentado. Para los más puristas que se refieren al hecho práctico de poblar, se puede afirmar basado en registros escritos hasta hoy disponibles, que las primeras edificaciones urbanizadas (ya había plaza e iglesia) de Llanogrande datan desde 1758 cuando ya habían construido al menos una casa de dos pisos en frente de la plaza y fue el año en que Gregorio de Saa donó las tierras a la Cofradía para su loteo y venta mayoritaria.

El nombre de Llanogrande para el poblado, se mantuvo vigente hasta 1813 y luego con la Reconquista de Morillo, de 1816 a 1824, mientras terminaba la campaña de liberación del sur del continente.

Por tanto, basados en documentos y fuentes originales, concluimos que Llanogrande nació como ente jurídico en 1722 y se pobló en 1758. Palmira fue creada de hecho el 25 de diciembre de 1813. Fue reconocida en derecho el 25 de junio de 1824 por el gobierno nacional.

CAPÍTULO 6

DOCUMENTOS INÉDITOS PARA LA HISTORIA COMARCANA

En esta sección anexamos una serie de documentos inéditos importantes para conocer desde las fuentes primarias, parte de la historia regional.

Consideramos de vital importancia para ciudadanos, estudiantes y profesionales de historia mantener la disciplina de producir y recibir historia basada en fuentes primarias para evitar la mitificación de hechos que no han sucedido y que no pertenecen a la historia fáctica, sino a la historia de las mentalidades o de las ideas. Ambos tipos de historias constituyen el universo de la realidad cotidiana, pero es menester dejarlo bien claro, así como en la literatura se deslindan perfectamente el mundo ficticio del no ficticio.

Se presentan los documentos en orden cronológico y ya con la debida paleografía donde existen anotaciones de ilegibilidad, rotura o deterioro del documento.

Fuente: Archivo Histórico de Cali, Notaría Primera, 1681, vol. 6, ff. 71v-72v.

Venta de hacienda El Palmar de Beatriz Ordóñez de Lara a su hijo Pedro Rengifo de Lara, 1681.

En la ciudad de Cali el dieciséis de mayo de año 1681 ante mí el escribano de su Majestad y testigos pareció doña Ordóñez de Lara viuda mujer que fue del capitán don Francisco Rengifo Salazar Velásquez que fueron de esta dicha ciudad que doy fe conozco y dijo que por una susodicha le cupieron en la [ilegible] y partición que se hizo de la hacienda que a la muerte del susodicho su marido, las tierras que llaman del Palmar de la otra banda del río de Cauca junto en parte de sus dotes y bienes multiplicados de la cual tiene posesión actualmente y enajena sin contradicción de persona alguna [roto] informada de su derecho y de lo que en este caso le puede haber por la presente otorga que vende la dicha parte [ilegible] llano que se le adjudicaron por la dicha parte y bienes multiplicados, a Pedro Rengifo de Lara su hijo legítimo en precio de cuatrocientos patacones de ocho reales, los ciento y treinta en parte de su legítima materna, que le hubiere de caber y los doscientos setenta restantes confiesa haberlos recibido de dicho su hijo en ciento y treinta y cinco pesos de oro fino de dos patacones el peso que suman y montan doscientos setenta patacones que con los dichos ciento treinta de su legítima materna suma y monta la referida cantidad de los dichos cuatrocientos patacones exentando las dichas tierras como le exenta tres cuadras de tierra que le da y dona a Isabel Rengifo, hija natural del dicho Pedro Rengifo y nieta de esta otorgante y por no parecer de presente la entrega de dinero referido renuncia las leyes de la *non numerata pecunia* [roto] de dolo y demás del caso y confiesa que las dichas tierras no valen más [roto] referidos en esta venta y si más valen, de la demasía poca o [roto] hace gracia y donación al dicho su hijo [roto]… las dichas tres cuadras de tierra que le da a su nieta muy a conformidad le da su poder cumplido a unos y otros como se requiere para que por su autoridad o de justicia cada que cada uno tome y aprehenda la posesión de las dichas tierras en la conformidad referida en cuya virtud cada parte podrá vender, enajenar y disponer suya a otras cualesquier personas a su elección y desde luego la doy por tomada la dicha posesión y por las reglas de venta de esta escritura y en el interín que no la tomaren se constituye como su inquilina y se obliga con su persona y bienes presentes y futuros que siempre les serán ciertas y seguras las dichas tierras de las personas que se las pidan y pongan sobre de ellas pleitos de cuya igual manera, los cuales seguirá a su costa hasta hacerlos fenecer y dejar a dicho comprador y la dicha nieta en la pacífica posesión de ellas y con su saneamiento y lo mismo harán los demás sus herederos presentes y futuros so pena de les dar apartarles a su contenido de ley y pagar las mejoras que en ellas hubieren hecho [Ilegible] de esta venta y el valor de la dicha donación y demás de esto les pagará las [roto] y daños que se le [ilegible] para cuya ejecución, cumplimiento y paga, da su poder a las justicias de Su Majestad que le sean competentes en su jurisdicción, se somete para saber de ello, le compelan y apremien por todo rigor de derecho y vía ejecutiva como si fuera [hay tres líneas de papel rotas] y competente pasada en cosa juzgada [roto] = Joseph Pretel Llanos.

Documento # 02

Fuente: Archivo General de la Nación, Archivos Privados, Arquidiócesis de Popayán, CO.AGN.AP/APO, f. 23.

Solicitud de Manuela Rengifo de Lara al tribunal eclesiástico de Cali para instruir caso, 1721.

Doña Manuela Rengifo de Lara, viuda vecina de esta ciudad de Cali, madre legítima del Bachiller Don Gregorio de Saa ausente en la ciudad de Quito por quién en caso necesario procede voz y cuestión parezco ante V. E. y digo que el dicho mi hijo desde sus tiernos años se ha dedicado a los estudios con el fin y ánimo de que siendo Dios servido con seguir el estado sacerdotal para cuyo efecto se halla hoy cursando sus estudios en el Colegio Real y seminario de San Luis de dicha ciudad y para conseguirlo conviene a su derecha el que verdaderamente sirva como lo suplico de admitirme información y de nombres, debida legitimidad y limpieza, y hecha en la parte que baste con el número de testigos que hagan fe en la probanza, se me entregue original para los efectos expresados mediante lo cual:

a V. E. pido y suplico se sirva de mandar hacer según que pido por ser de justicia y juro lo necesario= Manuela Rengifo de Lara.

Decreto: Por prenda de la parte de la información de legitimidad, limpieza y de nombres [ilegible] para los efectos que la pide que desde luego interpone su autoridad judicial decreto para su validación hecha la información =Ignacio Vivas Sedano.

Proveo y reafirmo el maestro Ignacio Vivas Sedano, vicario Juez eclesiástico de esta ciudad de Cali y cura interino, en 15 de julio de 1721. Ante mí, Josef Pretel Llano.

Documento # 03

Fuente: Archivo Histórico de Cali, Notaría Primera, 1723, vol. 10, ff. 30-32.

Venta de hacienda en Llanogrande a Manuel Crespo y su mujer, 1723.

En la ciudad de Santiago de Cali de la gobernación de Popayán en once días del mes de marzo de 1723 años ante mí el sargento mayor don Salvador de Caicedo Hinestrosa alcalde ordinario más antiguo en ella y su jurisdicción, y en presencia de los testigos de [ilegible] por falta de escribano pareció presente el maestro Francisco Cobo de Figueroa, cura doctrinero del pueblo de San Jerónimo y sus anexos y residente en esta dicha ciudad, a quien certifico que conozco, y otorga en venta real por juro de heredad para siempre jamás a don Manuel Crespo Lozano, y a doña Antonia Rengifo, su legítima mujer, y a quien por derecho representare: la hacienda que tiene y poseen el sitio de Llanogrande de jurisdicción de la ciudad de Buga con el trapiche y aperos del que se componen según lo que tienen contratado y entregado en la forma y manera siguiente:

Primeramente seiscientos patacones de tierras en el dicho Llanogrande en dónde están fundadas las casas de trapiche y vivienda según los linderos que constan en los títulos y venta que le hizo don Nicolás Lasso y doña Faustina Solarte Benavides de su legítima mujer vecinos de la dicha ciudad de Buga, según consta de la escritura que le tiene entregada y rebajando de dichas tierras cuatro cuadras en largo y cuatro cuadras en ancho que pertenecen a Bartolomé Cobo por donación que de ellas le hizo a que se remite... 600 pt

ítem trescientos patacones de tierras en que tiene sus sementeras con la chamba que está corriente... 300

ítem las casas de vivienda y una torre con cocina y servicio de acequia en doscientos patacones 200

ítem una capilla con sus ornamentos que se componen de cáliz, vinajeras, patena, dos ornamentos viejos, dos frontales, dos casullas, un alba y amito, dos manteles, dos campanas, un incensario, todo en cien patacones, exceptuando el incensario y naveta lo cual no entra en la dicha cantidad de los cien patacones por reservarlo... 100

ítem la casa de trapiche con tres fondos, una paila agujereada, un trapiche nuevo, tres canoas y un [ilegible], todo en quinientos y doce patacones.. 512

ítem tres suertes de caña de a tres almudes en doscientos cincuenta patacones.. 250

ítem una huerta del platanar y arboledas en treinta patacones............... 30

ítem corral, manga y talanquera en treinta patacones......................... 30

ítem la herramienta según la entrega en cincuenta patacones.................50

ítem el derecho de la acequia que pertenece al servicio de la hacienda que entra en el ajuste de las dichas tierras por cuya razón no entró en precio.

ítem trescientas cabezas de ganado vacuno de cría a veinte reales cabeza que montan setecientos cincuenta patacones.................................... 750

ítem trescientas cincuenta yeguas de cría a dos patacones por cabeza que importan setecientos patacones.. 700

ítem setenta cabezas de caballos trapicheros de vaquería y potros unos con otros a cuatro patacones que importan doscientos y ochenta patacones en que entra el hierro de herrar... 280

ítem dieciséis mulas mansas y chúcaras a quince patacones que montan doscientos cuarenta patacones... 240

ítem un negro llamado Andrés de edad de 26 años bozal en ....500 pat

ítem otro negro llamado Joseph de edad de 60 años enfermo en 200 pat

ítem un mulato llamado Pedro de edad de 50 años en trescientos patacones debajo de las calidades contratadas con los compradores...300

ítem un negro llamado Miguel de edad de 40 años, Feliciana mujer del dicho de edad de 30 años y Antonio de 26 años bozales todos tres en un mil quinientos patacones.. 1.500

ítem una negra llamada Manuela de 26 años en quinientos patacones 500

ítem otra negra llamada Juana María con un hijo mulato llamado Manuel de 4 años ambos en quinientos y cuarenta patacones................ 540

ítem dieciséis bueyes de tiro a seis patacones cada uno que montan noventa y seis patacones 96

que los otros géneros que le tiene vendidos suman y montan la cantidad de 7.678 patacones en que les hace la dicha venta y confiere tener recibidos a su satisfacción y contento los 5.178 patacones que porque parece de presente para que de ello ponga certificación, la consta y renuncia las leyes de la entrega prueba de ella y demás de efecto oye más derecho y de los 2.500 restantes al cumplimiento, han de reconocer los compradores 1.000 patacones de censo al redimir y quitar a favor del convento de N.P. Santo Domingo de esta dicha ciudad asegurando dichos 1.000 patacones de principal, y los réditos correspondientes en cada una, a satisfacción del reverendo Padre Prior de dicho convento que es o en adelante fuera, cancelando la escritura que tiene otorgada el vendedor y los 1.500 patacones restantes han de dar y pagar al que hizo la venta de los dichos tres esclavos mencionados Miguel, Feliciana y Antonio los cuales no los ha pagado por eso no haberse cumplido el plazo recogida la obligación que sobre ella tiene hecha recibo en forma, quien con estas calidades y condiciones, les vende las dichas tierras, esclavos, ganados y aperos libres de otro censo, empeño e hipoteca, en derecho, carga, señorío, ni obligación especial ni general que por tales los asegura y declara que el justo valor de los dichos bienes según van expresados son los dichos 7.678 patacones y que no valen más y de la demasía que hubiere séase en corta o mucha cantidad, les hace gracia y donación pura, perfecta y acabada a los dichos don Manuel Crespo Lozano y a doña Antonia Rengifo su legítima mujer intervivos con insignación y renunció la ley del ordenamiento Real hecha en Corte de Alcalá de Henares que trata de lo que se compra, vende y permuta por más o menos de la mitad del justo precio y los cuatro años para desistir el engaño y que se redujese este contrato a su valor [ilegible] engaño, y las demás leyes que con ella concuerdan; y desde ahora para adelante se desiste y aparta del derecho, propiedad, señorío y posesión de título, voz y vecindad y otro cualquier derecho que le pertenece o puede pueda pertenecer a los dichos bienes mencionados. Y todo ello cede, renuncia y traspasa en los dichos compradores y en quien sucediera en sus derechos para que como suyo los posean, cambien y enajenen a su voluntad como dueños absolutos sin dependencia alguna.

Y leído el poder que se requiere concitándoles en su lugar mismo y en su derecho y causa propia para que por su autoridad o judicialmente entren en dichos bienes y tomen y aprehendan la posesión y gerencia de ellos. Y en el ínterin se constituye por su inquilino acreedor y poseedor para ponerlos en ella cada que se le pida y se obliga a la seguridad y saneamiento de esta venta en tal manera que de cualquiera pleito, debate y diferencia que sobre los dichos bienes les fuere movido o parte de ellos siendo requerido en cualquier estado que estuvieren, aunque esté hecha la publicación de probanzas, tomará la voz y defensa y lo seguirá y acabará a su costa hasta vencerlos y dejarles en quieta y pacífica posesión, y no cumpliéndolo por no querer, o no poder cumplirlo, les volverá y restituirá los dichos 7.678 patacones en la conformidad del recibo por lo que importare cada cosas de por sí con los aumentos que hubieren hecho, y los daños y costas que se les siguieron y el más valor adquirido con el tiempo

Y todo como si aquí tuviera liquidación y esta escritura fuera ejecutiva de plazo asignado al día que llegaré el caso referido, se le ejecute con sólo el juramento en que lo dijere sin dicha prueba de que los releva aunque de derecho se requiera y a su cumplimiento obliga sus bienes y rentas habidos y por haber, y dio poder a las justicias eclesiásticas de su fuero para que le apremian como por sentencia pasada en cosa juzgada consentida y no apelada, y renunció el capítulo [ilegible] duardus absolutionis a cuyo efecto es sabedor, y de las demás leyes de su favor y la general de derecho en forma en cuyo testimonio así lo dijo, otorgó y firmó conmigo dicho alcalde ordinario y testigos por la dicha falta de escribano = Salvador de Caicedo Hinestroza = Francisco Cobo y Figueroa = Felipe de la Torre Velasco = Juan de Salazar.

*Fuente: Archivo Histórico de Cali, Notaría Primera, 1734, volumen 15, ff.
86v-90v.*

Venta de El Yegüerizo de Antonia Rengifo a Gregorio de Saa, 1734.

En la ciudad de Santiago de Cali en once días del mes de octubre de 1734
ante mí el doctor don Cristóbal Cobo de Figueroa alcalde ordinario más
antiguo en ella y su jurisdicción por su majestad y testigos por falta de
escribano pareció presente doña Antonia Rengifo Baca, viuda, vecina de esta
dicha ciudad a quien certifico que conozco y otorga por sí y el nombre de sus
herederos y sucesores presentes y futuros que vende en venta real cierta y
verdadera por juro de heredad desde ahora y para siempre jamás al maestro
don Gregorio de Saa, presbítero, para que sea suya y de quien en su derecho
y causa hubiere conviene a saber, al estancia de tierras, trapiche,
cañaduzales, fondos y casas de vivienda, esclavos, ganados vacunos,
yeguas, caballos y bueyes que tiene por suyo en Llanogrande jurisdicción de
la ciudad de Buga y sitio que llaman del Yegüerizo a los precios que tienen
contratado como consta del contrato que es del tenor siguiente:

Primeramente, un negro llamado Miguel y Feliciana su mujer de 60 años más
o menos a cuatrocientos patacones cada uno.................................... 800

Ítem otro esclavo llamado Carlos y Catalina su mujer, útiles a quinientos
patacones cada uno 1.000

Ítem Vicente y María Mina su mujer, útiles a quinientos patacones cada uno
....1.000

Ítem tres muleques esclavos llamados María de ocho años, Domingo de seis,
Tomasa de cuatro, todos en seiscientos patacones........................... 600

Ítem Francisco Congo útil en quinientos patacones........................... 500

Ítem Ignacio Chala en cuatrocientos y cincuenta patacones.................. 450

Ítem Santiago Criollo en cuatrocientos y cincuenta patacones.............. 450

Ítem Isabel mulata con hijito de tres años llamado Agustín en trescientos
patacones 300

Ítem una negrita llamada Lorenza de un año con negrito llamado Baltasar de
cinco años ambos en trescientos patacones 300

Ítem el trapiche pozuelo y armazón en cincuenta patacones 50

Ítem las hornillas en cuarenta patacones... 40

Ítem por las canoas de ciento y tres botijas en setenta y seis patacones y tres reales..76, 3

Ítem por las suertes de caña se regularon en diez almudes por estar despoblada en trescientas botijas que sacadas veinte del diezmo, quedan de pago doscientos ochenta a doce reales por cada una........................ 420

Ítem por las cercas de los cañaduzales y mangas, diez y seis patacones 16

Ítem por la casa de trapiches, puertas y bancos y chorreras de sacar miel, doscientos y veinte patacones.. 220

ítem treinta y cuatro hormas a tres reales................................... 12,7

Ítem la cocina vieja en veinte patacones................................. 20

Ítem la casa de vivienda con puertas y ventanas en ciento ochenta y cinco patacones 185

Ítem dos escaños en nueve patacones; un cepo en seis; una reja en ocho y otra redonda en tres...26

Ítem dos fondos que costaron ciento y ochenta patacones................. 180

Ítem otro fondo de cincuenta libras en sesenta y dos patacones............ 62

Ítem seis juegos y cuatro sillas viejas en cinco patacones...................... 5

Ítem por el horno seis patacones... 6

Ítem cincuenta y nueve libras de fierro en pedazos de herramientas en treinta patacones... 30

Ítem dos machetes, gurbia, escoplo, barrena en cuatro patacones y cuatro reales.. 4, 4

Ítem una romana vieja, un hacha y barretón en siete patacones y medio 7, 4

Ítem veinte libras de metal en una paila rota.................................... 10

Ítem una alquitara en seis patacones.. 6

Ítem un banco grande en un patacón 1

Ítem un derecho de las tierras que compró a don Juan de Silva en que está fundado el trapiche en el Yegüerizo en trescientos patacones... 300

Ítem un derecho de tierras en el llano de la iglesia para arriba que confinan con las de Don Juan de Cárdenas que hubo y compró de Don Francisco Rengifo en trescientos y diez patacones... 310

Ítem el derecho de tierras del Rincón de Cifuentes desde una chamba de antiguos para abajo de largo y de ancho entre los dos zanjones del Rodeo de Rengifo y del Papayal reservando la parte que allí tiene Juan Sánchez Hellin y el derecho de don Francisco Garcés de la fundación, corrales y rocerías cuyo derecho heredó de su madre doña Gerónima Rengifo incluyendo el derecho que compró de doña Bárbara Jaramillo viuda heredera de Sebastián Calderón en doscientos cuarenta y cinco patacones... 245

Ítem el derecho de cuatro partes que tiene a los montes y guaduales que quedaron indivisos en diez patacones... 10

Ítem veinticinco patacones en que se reguló la composición de las tierras.. 25

Ítem por la acequia del trapiche y piedras de moler en trece patacones... 13

Ítem el derecho de la mitad del agua de Nima que se parte con don Diego Rangel en veinte patacones... 20

Ítem doscientas y cincuenta cabezas de yeguas a dos patacones....... 500

Ítem treinta y dos caballos mansos a seis patacones......................... 192

Ítem veinte y dos potros herrados y dieciséis sin herrar a cuatro patacones cada uno... 152

Ítem doce yuntas de bueyes de tiro a diez patacones yunta 120

Ítem seis yuntas de bueyes de arado a veinte 120

Ítem cuatro chorreras de las medidas de miel en tres patacones............. 3

Ítem unas esposas, una sierra, barrena en quince reales.....................1,7

Ítem un pollino en catorce patacones.. 14

Ítem seiscientas reses de ganado de cría entrando los árbitros hierros de cerrar señales a veinte reales cada una, montan un mil quinientos patacones.. 1.500

Ítem por la casa de la iglesia, con sus puertas, mesas, sillas y escaño viejo en diecinueve patacones 19

De manera que suman y montan las partidas referidas del monto de dicha hacienda diez mil trescientas veinte y dos patacones y seis reales salvo yerro que se debe enmendar cada que parezca le cede, renuncia y traspasa el derecho de los censos que sobre la dicha hacienda están situados como son seiscientos patacones de principal a favor de los pobres de esta ciudad y ochocientos patacones a favor de don Diego Rangel, un mil seiscientos veinte patacones por más o menos que por sucesión de don Manuel Crespo Lozano su marido, les cupo de legítima paterna a sus dos hijas legítimos y setecientos patacones que después cargó a favor de don Manuel Cobo de Figueroa que suman y montan dichos censos tres mil setecientos y veinte patacones que restados del monto de dicha hacienda quedan existentes seis mil seiscientos dos patacones y tres reales, los cuales confiesa haber recibido de mano del dicho don Gregorio de Saa y están en su poder realmente con efecto y por no parecer de presente su entrega, la confiesa y renuncia la ley de la *non numerata pecunia*, prueba, mal y engaño y error de la cuenta que en ella se contiene y se vende los dichos esclavos con todas sus tachas y vicios, defectos y enfermedades públicas y secretas por alma en boca y costal de huesos según y de la manera que se compran y venden en el Real asiento y declara que están libres de otra venta ni dependencia alguna y asimismo le vende dichas tierras con todas sus entradas y salidas, usos y servicios, montes, salados, abrevaderos cuantos le corresponden de bajo de los límites, linderos que las ha poseído y constan de sus derechos de venta que le tiene entregado para su resguardo y confiesa que la dicha cantidad es el justo precio de la dicha hacienda y que no vale ,más y en caso que algo más valga de la demasía y más valor sea en mucha y corta cantidad, le hace gracia y donación buena, pura, mera y perfecta irrevocable que el derecho llama intervivos sobre que renuncio la ley de ordenamiento Real fecha en Cortes de Alcalá de Henares en cuatro años en ella declarados para la recisión al verdadero valor de este contrato y desde ahora en adelante se aparta del derecho de propiedad, posesión y señorío que ha tenido en dicha hacienda y todo lo cede, renuncia y traspasa en el dicho comprador para que como cosa suya, propia la goce, posea, venda y enajene a su voluntad habiendo redimido y pagado los dichos censos y en señal de posesión se la tiene entregada con sus títulos de su propiedad para que sea visto haberla adquirido con justo y legítimo derecho y como real vendedora se obliga a la evicción, seguridad y saneamiento de dicha hacienda en tal manera que si sobre ella o parte se le ofreciese alguna contradicción o diferencia luego que le conste y sea requerida, saldrá a la voz y defensa y a su costa y mención lo seguirá y fenecerá en todos los grados e instancias hasta de las hasta dejar en paz y salvo al dicho comprador y de no poderlo hacer le volverá los pesos de esta venta con más le pagará todos los costos, daños, pérdidas y menoscabos que se le hubieran seguido y recrecido, mejoras útiles y voluntarias con el más valor adquirido, con el tiempo cuya liquidación difiere en el simple juramento de la parte de esta escritura sin más prueba de que le releva para seguridad y firmeza de lo contenido en esta escritura obligo su persona y bienes habidos y por haber, da poder a las justicias y jueces de Su Majestad de cualesquier parte que sean para que haga cumplimiento le obliguen, compelan y apremien por todo rigor de derecho vía ejecutiva como por contrato y sentencia pasada en autoridad de cosa juzgada, consentida y no apelada sobre que renuncio todas las leyes, derechos decretadas, domicilio y vecindad y ley *sit conbenerit* con la general del derecho que lo prohíbe para ser apremiada a su cumplimiento y por ser mujer renuncio la ley de Foro de Madrid y Partida y las demás de este caso de que fue advertidas por mí dicho alcalde para no usar ni aprovechar de ellas en ningún tiempo. Estando presentes el maestro don Gregorio de Saa, presbítero vecino de esta ciudad y domiciliario de este obispado a quien asimismo certifico que conozco, otorga que aceptaba y aceptó esta escritura de la dicha hacienda de que está entregado y renuncia a alegar lo contrario como asimismo la cesión y traspaso de los censos cargados en dicha hacienda, se obliga a hacer nuevos reconocimientos a satisfacción de los interesados sacando a la dicha doña Antonia y a sus fiadores de la obligación y haciéndose cargo de los réditos desde ahora primero de mes de octubre y así lo otorgan y firman y por la otorgante entrega a su ruego por mí dicho alcalde y por falta de escribano = Cristóbal Cobo de Figueroa = a ruego de la otorgante y don Gregorio de Saa, Juan Francisco Garcés = Joseph Salinas Aguilar = Joseph Pretel y Llano.

Fuente, Archivo Histórico de Cali, Notaría Primera, vol. 15, 1735, ff. 198v-199v

Gregorio de Saa recibe mil patacones de capellanía, 1735.

En la ciudad de Santiago de Cali en 6 días del mes de septiembre de 1735 años, ante mí don Juan de Soto escribano real de Su Majestad y testigos, pareció presente el maestro don Gregorio de Saa presbítero domiciliario de esta ciudad a quién doy fe que conozco, y otorga esta escritura pública por la que confiesa haber recibido realmente y con efecto, la cantidad de 1.000 patacones de a ocho reales que por no parecer de presente su entrega, para que yo dé fe de ella, renunció a las leyes de la *non numerata pecunia* prueba del recibo, y demás del caso que son los mismos a título de que se ordenó por nombramiento que le hizo de capellán propietario el señor maestre de campo don Nicolás de Caicedo Hinestroza alférez real y regidor Perpetuo de esta ciudad como patrono que es de Las Ánimas del Purgatorio de la obra pía qué dejó don Jacinto Palomino, y estos mismos son los que tenía a censo don Diego Rangel y Llanos fincados en su hacienda de Llanogrande como los que le tiene entregados y corre el censo por cuenta del otorgante desde el día 8 de diciembre del año pasado de 734, con el cargo de que le saque de su obligación dándole por rota y cancelada su escritura, y para el seguro de dicha cantidad obliga sus bienes y rentas habidas y por haber poniendo como pone por especial hipoteca su hacienda de trapiche, cañaverales que tiene fundados en el sitio de Llanogrande según es conocido por Aguaclara con 21 piezas de esclavos chicos y grandes que asimismo son conocidos, 600 reses de ganado vacuno, doscientas yeguas todo herrado con hierro del margen con declaración que sobre todo esto tiene cargados a censo 1.600 patacones de las tutelas de las hijas legítimas de don Manuel Crespo Lozano y 600 patacones de los pobres de esta ciudad cuyo patrono es el señor cura y Vicario de ella y confiesa vale mucho más según consta de la escritura de venta que se le otorgó de la dicha hacienda y dio poder a los señores jueces que de sus causas puedan y deban conocer para que lo obliguen a lo aquí contenido por todo rigor de derecho y vía ejecutiva como si fuera sentencia pasada en autoridad de cosa juzgada, consentida y no apelada y dada entrega sobre que renunció de su favor todas las leyes domicilio de vecindad, ley si *conbenerit* el capítulo de *duardus resolutionis suan de penis* y *clementia papal* de su santidad con la general de ellas, y estando presente el dicho señor maestre de campo como patrono que es dijo que aceptaba y aceptó esta escritura y consciente en que este censo recarga en el mismo capellán por estar asegurado a su satisfacción y lo firmó asimismo siendo testigos don Luis de Alderete, don Mateo Zamorano y don Francisco Riascos, vecinos de esta ciudad que doy fe = Maestro don Gregorio de Saa = don Nicolás de Caicedo Hinestroa = ante mí Juan de Soto, escribano.

Documento # 06

Fuente, Archivo Histórico de Cali, Notaría Primera, 1759, vol. 35, ff. 69-70.

Hipoteca de casa de Gregorio Rodríguez en plaza de Llanogrande, 1759.

En la ciudad de Santiago de Cali en el día quince del mes de marzo año del 1759 ante mí, don Joseph Vernaza escribano público y de [ilegible] y testigos pareció presente don Gregorio Rodríguez Molano vecino de la ciudad de Buga y residente en esta que doy fe conozco y dijo que en la ciudad de Buga tiene otorgada una escritura de reconocimiento de seis mil quinientos patacones de principal a favor de una capellanía de la que es patrono y capellán el doctor don Francisco Núñez de Nagle cura rector de esta santa iglesia para cuyo seguro hipotecó unas tierras que tiene y posee en el sitio de Llanogrande jurisdicción de la ciudad de Buga que se comprenden entre las quebradas de Aguaclara y La Honda y para poder usar de dicho derecho de tierra a su arbitrio y voluntad por la presente en la vía y forma que por derecho más haya lugar, otorga que subroga para el seguro de dicho principal y réditos por especial hipoteca la casa de teja alto y bajo y solar en que está fundada que tiene y posee en uno de los frentes de la plaza de la población del dicho sitio de Llanogrande como asimismo dieciséis piezas de esclavos todo lo cual se obliga no enajenar en manera alguna hasta no haber redimido el dicho principal a cuya seguridad, cumplimiento y firmeza obliga su persona y bienes habidos y por haber con poder y sumisión de las reales justicias de Su Majestad de cualesquiera parte que sea para que a lo que dicho a lo que derecho llena, lo obliguen, compelan y apremien por todo rigor de derecho y vía ejecutiva como por sentencia pasa en autoridad de cosa juzgada, consentida y no apelada y renuncio todas las leyes de su favor, ley conveniencia, domicilio y vecindad con la general del derecho. En forma de estando presente el dicho doctor don Francisco Núñez de Nagle que asímismo doy fe conozco habiendo oído el tenor de esta escritura dijo que como patrono y capellán que es de la capellanía que en esta se hace mención que concernía en la subrogación de hipotecas dando por libre de esta pensión a el derecho de tierra mencionado en el cuerpo de esta para que pueda usar de ellas, vendiéndolas o enajenándolas a su voluntad como exentas del gravamen mencionado. En cuyo testimonio así lo dijeron, otorgaron y firmaron siendo testigos don Cristóbal Martínez, Joseph Varona y Joseph de Aragón vecinos. Testado. Dijo = no vale. Gregorio Molano. Francisco Nagle. Ante mí por Joseph Vernaza.

Documento # 07

Fuente: Archivo Histórico de Buga, Caja 14, 1756-1759, ff. 336-337.

Gregorio Molano de Llanogrande hipoteca esclavos, 1759.

En el sitio de Llanogrande jurisdicción de la ciudad de Buga en primero de abril de 1759 años, ante mí don Mateo Meléndez escribano de Su Majestad y testigos que se nominarán, pareció presente don Gregorio Molano vecino de dicha ciudad a quién doy fe que conozco, dijo y otorgó por sí y en nombre de sus herederos y sucesores que reconoce y se constituye en deudor llano y pagador a causa de la testamentaria de don Miguel Pardo a sus herederos y los suyos es a saber la cantidad de un 1.825 patacones de ocho reales castellanos en moneda usual y corriente, los cuales son procedidos de cinco piezas de esclavos que tiene reunidos a su satisfacción de que por no parecer de presente la entrega, renunció la excepción de la cosa no vista ni referida y del dolo y mal engaño los cuales esclavos se llaman: Catherina, con una cría, Joseph, Salvador y su mujer llamada María, que uno con otro los otorgan la expresada cantidad que ha de dar y pagar dentro de dos años, en cada uno la mitad, los que se cuentan desde hoy día de la fecha en adelante sin más plazo alguno, a cuya seguridad obligó su persona y bienes con sumisión a las justicias de Su Majestad. Y estando presente Don Felipe González apoderado de dicha testamentaria dijo y otorgó que acepta esta obligación por estar a su satisfacción y en su virtud da en venta real por juro de heredad y señorío en nombre de sus partes, al citado don Gregorio Molano, para el susodicho, sus herederos y sucesores a saber las citadas cinco piezas de esclavos arriba mencionados con los mismos nombres y cuyos instrumentos de su propiedad protesta de entregarle por ser habidos con justo y derecho título, los que le vende sin achaque ni vicio público ni secreto sólo por almas en boca y huesos en costal, y confiesa el otorgante como real vendedor, que

61

el justo precio de los dichos esclavos todos juntos es de los mismos 1.825 patacones a que se haya obligado y que no valen más y si algo más valen pudieran de la demasía y más valor y nombre de sus partes le hace gracia y donación, buena, pura, mera, llana, perfecta e irrevocable que el derecho llama hecha intervivos, cerca de lo cual renunció las leyes del nuevo y real ordenamiento hecho en Corte de Alcalá de Henares que tratan en razón de las cosas que se compran, o venden por más o menos valor de la mitad de su justo valor, los cuatro años que dicho dispone para la recisión al verdadero contrato, en cuya virtud da su poder cumplido para que tome y aprehenda la posesión de dichos esclavos judicial o extrajudicialmente sobre que desiste a sus partes de todo el derecho de tenencia y señorío, útil y directo dominio que dichos esclavos han tenido y con los de evicción y saneamiento los cede, subroga, renuncia, transfiere y traspasa en el dicho comprador y los suyos por lo que le [roto] esta venta, y en parte de ella no se le moverá pleito ni disputa [roto] luego que llegue a su noticia o de sus partes, saldrá a la voz y defensa y en cualquier estado de la causa la fenecerá y acabará a su cuenta hasta dejarla en quieta y pacífica posesión. Y si así no lo hiciere y sanearle no pudiere, le devolverá y pagará los mismos un 1.825 patacones constando haberlo pagado y asimismo todos los costes y costas sin más prueba que su simple juramento en que le releva otro alguna, en cuya conformidad unos y otros se obligaron con sus personas y bienes y para mayor abundamiento [ilegible] la especial hipoteca derogue la general ni por el contrario, el dicho contador asigne especial y señalada hipoteca las mismas cinco piezas de esclavos las que se obliga a que no las venderá, donará ni cambiará hasta que conste haber satisfecho la cantidad y cancelada su obligación quedando en su fuerza y vigor para el seguro de su compra por lo que el vendedor me requirió a mí el presente expediente le diese al comprador un tanto de este instrumento para que con él pueda en todo tiempo usar de sus dichos esclavos como cosa suya habida por su dinero con justo y derecho título por lo que unos y otros dieron su poder cumplido a las justicias de Su Majestad de cualesquier parte que sean a cuyo fuero y real jurisdicción se someten renunciando el suyo propio, domicilio y vecindad y la ley *conbenerit de jurisdictione omnium judicum* y última pragmática de las sumisiones, y las demás leyes, fueros y derechos de su favor con la general de que lo prohíbe, para que a lo contenido en este instrumento les compela como por contrato ejecutivo y sentencia pasada en autoridad de cosa juzgada, dada a la entrega consentida y no apelada, en cuya virtud así lo otorgaron y firmaron siendo testigos don Joseph Vernaza escribano público de la ciudad de Cali y don Bernardo Bexon como que lo certifico que lo perteneciente al Real derecho de alcabala quedó a su satisfacción de don Felipe González. Doy fe = Felipe González = Gregorio Molano = Ante mí, Matheo Meléndez.

Documento # 08

Fuente: Archivo Histórico de Cali, Notaría Primera, 1761, Libro 38, ff. 111v-121v

Orden de lotear y vender tierras en Llanogrande, 24 de abril de 1761

(f. 111v)

En el sitio de Llanogrande términos y jurisdicción de la ciudad de Santiago de Cali en el día 24 del mes de abril de año de 1761 ante mí don Josef Vernaza escribano público y de [ilegible] de esta ciudad y testigos pareció presente don Pedro de Soto y Truenos vecino de dicha ciudad y mayordomo de la cofradía de Nuestra Señora del Rosario del Palmar sita en la iglesia parroquial de este [ilegible] que doy fe y dijo que por él [ilegible] y juez eclesiástico de este partido se le ha concedido facultad para la venta de las tierras pertenecientes a dicha Cofradía según y que [ilegible] por los autos que se agregan [ilegible en dos líneas] venta real y perpetua [ilegible] para siempre jamás a Nicolás [ilegible] sus herederos y sucesores [tres líneas ilegibles]

(f. 112)

vende por libre de otro [ilegible] censo y en el precio y cantidad de ciento [ilegible por mancha] patacones de ocho reales los mismos que ha de [ilegible por mancha] censo y tributo redimible y al quitar a favor de dicha Cofradía y a ello se ha de obligar en esta escritura y confiere que el expresado es su justo valor y precio y que en caso de que más valga o valer pueda de su más valor le hace gracia y donación buena y pura, perfecta e irrevocable de las que el derecho [roto] cerca de lo cual renuncia la ley del ordenamiento dicha en Cortes de Alcalá de Henares y los que en ella se declaran para reparar el engaño del derecho de dominio y señorío que a dicha cuadra de tierra la cede, renuncia y traspasa en el dicho comprador y para que lo goce, posea, venda y enajene a su voluntad y criterio real vendedor obliga a los bienes y venta [ilegible] cofradía a la evisión y saneamiento de esta, en tal manera que de cualesquier pleito durante o después para que sobre su propiedad se les fuerce o pueda salir a voz y defensa y a costa y mención de dicha cofradía con certeza y firmeza hasta dejarlo en quieta y perfecta paz y de no poderlo conseguir le dará [tres líneas borradas].

(f. 112v)

[ilegible] difiere en el simple juramento de la parte interesada y está escritura [ilegible] de que le releva. Estando presente el dicho Nicolás vecino de la ciudad de Buga y residente en dicho distrito que asimismo doy fe [ilegible] de esta escritura a su favor otorgada dijo que aceptaba y aceptó para usar de ella como bien le convenga y en la vía y forma que más haya lugar este derecho, otorga que se obliga a pagar y satisfacer [seis líneas ilegibles por tinta borrada].

(f. 113)

 Nos el doctor don Antonio Suazo Mondragón maestre escuela Dignidad de Nuestra a Provincia y vicario General de este obispado:

Hacemos saber al doctor don Juan de Barona Fernández, cura y vicario del pueblo de Llanogrande, la donación que se nos remitió, proveniente de un auto y al tenor de dicha escritura= copia= separa y cuanta esta cantidad y donación vienen como: "yo el maestro don Gregorio de Saa y Rengifo comunicado el santo oficio por particular devoción que tengo a María Santísima mi señora del Palmar y tutelar de este sitio de Llanogrande en reconocimiento y retribución a los muchos beneficios que le debo aunque indigno, determino donarle para su mayor culto y decencia y con efecto le dono con donación pura y perfecta e irrevocable del que el derecho llama intervivos, de saber un pedazo de tierra de las que tengo y poseo en este referido

(f. 113v)

 sitio las cuales son, corren y lindan en esta forma: en largo, desde el lindero que es y se conoce de don Pedro Rengifo desde cuyo término por lindar con tierras expresadas a don Pedro, corren las donadas a favor de mi Señora del Palmar hasta una zanja honda y seca que se halla antes de llegar a la hacienda y casa de campo que tiene don Francisco Sinisterra; en ancho todo el globo que encierra dicha zanja y el zanjón de Romero, de modo que dicha zanja y linderos se conocen por la parte que da al zanjón del Salado, en cuyos límites [ilegible] parte vendida [ilegible] de cuyo dominio y señorío vende para siempre jamás, me aparto exceptuando únicamente en primer lugar los solares que tengo en más a mi gusto para fundar dos casas contadas las oficinas correspondientes a la cocina y huertas como asimismo se excluyen de dicha enajenación, dos derechos que en ellos tengo vendidos a don Gregorio Molano de dónde tiene fundada su casa de teja con las [ilegible]

(f. 114)

que la comprenden y cierran donde se halla un tejar cuya pertenencia se compone de una cuadra de 108 varas castellanas tanto en largo como en ancho [ilegible] verificadas [ilegible por manchado] en los términos en que se expresan [manchado] y pertenece a María Santísima mi Señora del Palmar. Con su producto y valor [manchado] se diga una misa [dos líneas ilegibles] mis padres y aquellos que fueron [ilegibles ocho líneas] Bernardo de Saa

(f. 114v)

generales y fuera de tales patronos y como antes ruego y encargo acepten dicho nombramiento de patrono, cumpliendo con las cargas y obligaciones que les son correspondientes procurando la mayor seguridad de dichos predios y aumento de ellos, como asimismo el [ilegible] y decencia de dicha Patrona milagrosa imagen de mi Señora del Palmar. De piedad espero me acepte como madrina de dicha donación que reconocida le hago indigno hijo suyo", en cuyo nombre la aceptaba y aceptó el señor doctor don Juan Barona como cura de dicho sitio y en su conformidad firmamos ambos este instrumento con testigos por falta de escribano específicamente para mayor validez del [ilegible] aunque tengo obligado dicho pedazo de tierra con las que constan en el instrumento presente da propiedad a ellas a un principal de seiscientos patacones que reconozca a censo a favor de los pobres de la ciudad de este en gravamen no obsta ni impide

(f. 115)

donación ya porque la tierra que queda de exceso es suficiente para cubrir y asegurar el expresado principal, y ya porque es mi voluntad subrogar dicha falta con el caudal que me queda libre desembarazada e independiente, pero para que este gravamen sea [ilegible] a mi estado, determino y permito los réditos y productos de dicha tierra donada mientras vivo se saquen y paguen del rédito correspondiente a un cinco por ciento que hacen treinta pesos en cada un año cuya cantidad deberá rebajarse de lo que producen seiscientos patacones y [ilegible] de dicha tierra mientras viva como arriba expreso cuya pensión se suspende con mi fallecimiento todo lo cual firmo como dicho es

en Llanogrande diciembre cuatro de mil setecientos cincuenta y ocho años=
Y por no haber podido acabar la firma que está principiada le rogué a mi
hermano don J. de Saa a que firmara

(f. 115v)

Por mí= a ruego de mi hermano don Gregorio Saa, y como testigo= Joseph
de Saa = don Juan Barona= Bernardo de Saa = testigo Francisco Sinisterra=
concuerda este testimonio y copia con el original de donde se sacó, la corrigió
y concertada con el como en lo necesario, me remito, así lo certifico y firmo
en Llanogrande en dieciocho de febrero de mil setecientos y sesenta=
Augustín [ilegible[eclesiástico=En la ciudad de Popayán en dieciséis días del
mes de abril de mil setecientos y sesenta años, el señor doctor don Antonio
Mondragón, maestre [ilegible] de nuestra Santa Iglesia Católica Provincial y
vicario general de este obispado habiendo visto el instrumento de donación
intervivos que otorgó el maestro don Gregorio de Saa y Rengifo [ilegible] a
favor de la cofradía de Nuestra Señora del Palmar de la iglesia parroquial del
sitio de Llanogrande en cuatro de diciembre del año pasado del cincuenta y
ocho aceptada por el doctor don Juan de Barona cura del expresado territorio
LLanogrande, otorgó

(f. 116)

El producto con el fin de que con los productos de las dichas tierras se dijese
una misa cantada en todos los sábados del año con la mayor solemnidad de
que fuese dable y aplicada a las dichas misas por su alma ,las de sus padres
y demás allegados y el residuo de dicho principal se dedicase al mayor culto
de la Soberana imagen de Nuestra Señora del Palmar, dijo que para que
tenga su debido efecto esta piadosa disposición y no se suspendan los
sufragios que a ella resultan a favor de las benditas Almas del Purgatorio y al
mayor culto de Nuestra Señora que con todo el fervor se debe promover
estando informado de no haberse purificado la dicha donación y no obstante
de estar perfecta y consumada y de que hace más de dos años que se otorgó,
debería de dar y daba comisión a otro patrono universal que es de las obras
pías [ilegible] doctor don Juan de Barona para que guardando las condiciones
con que se practicó la dicha donación piadosa y exceptuando la tierra que
excluyó el donante se mande pregonar y lo remate en el mejor postor con el
cargo de que su principal quede situado sobre las mismas tierras a favor de
la expresada cofradía para los fines señalados en dicha donación,
interviniendo las cautelas legales y escrituras de reconocimiento que
conducen a la más seguridad y perpetuidad de dicho principal y hecho, dará
cuenta que a este

(f. 116v)

juzgado de lo que hubiere practicado que para el efecto y todo anexo e incidente se le comunica toda la facultad necesaria y líbrese el despacho necesario con un servicio de este auto por el que así lo proveyó, mandó y firmó su señoría por ante mí el notario mayor que de ello doy fe= Doctor don Antonio Suazo Mondragón= Ante mí Dr. Nicolás Suárez de Figueroa Notario mayor= En cuya conformidad mandamos librar y libramos el porqué ordenamos y mandamos al doctor don Juan Barona Fernández, cura vicario y juez eclesiástico del pueblo de Llanogrande, que ruego que este llegue a sus manos, vea auto inserto por Nos proveído, el que guarda y [ilegible] ejecutoria en todo y por todo y en su consecuencia mandará pregonar y rematará las tierras donadas a favor de la santa imagen de Nuestra Señora del Palmar para que se reconozca su producto a censo quedando las condiciones expresas de la donación y puesta la causa en estado, nos la remitirá para determinar con las [ilegible] correspondientes. Popayán a diecisiete de abril de 1760. Firmada y refrendada en la forma= entre renglones: pedazo de= enmendado, Yo= O =Valen= Antonio Suazo Mondragón= Nicolás Suárez.

(f. 117)

Nosotros el doctor don Antonio Suazo Mondragón, maestre de escuela Dignidad de esta santa catedral provincial y Vicario general del obispado:

Hacemos saber al doctor Don Juan de Barona Fernández, cura y Vicario del sitio de Llanogrande como en vista del informe que se nos hizo sobre el despacho librado por la venta de las tierras donadas a favor de Nuestra Señora del Palmar por el maestro Don Gregorio de Saa y Rengifo, proveímos un auto que dice así= En la ciudad de Popayán en veinte y nueve días del mes de julio de 1760 el señor doctor don Antonio Suazo Mondragón maestre de la escuela Dignidad de esta santa iglesia catedral previsor y Vicario general

(f117v)

de este obispado, dijo: que por auto del 16 del mes de abril próximo pasado mandó librar despacho para que se vendiesen en pública subastación las tierras que donó a favor de Nuestra Señora del Palmar por instrumento público del maestro Don Gregorio de Saa y Rengifo, comisario del santo oficio; y habiéndose reconocido por informe que hizo el cura y vicario de Llanogrande a quien ha cometido [ilegible] la venta de tierras en pocos pregones por perjudicarse en ello la obra pía atento a que

Los pretendientes a ellas las pondrían en ínfimo precio y que sería más útil así a la obra pía como a los vecinos que se vendieran por solares, mandaba y mandó hacer libre nuevo despacho con inserción

(f. 118)

de este auto para que dicho Vicario haga la venta de dichas tierras o bien en junto o por solares o del modo que tuviere por más conveniente a la utilidad de la obra pía y vecindario para lo que se le concede la facultad necesaria como también para que otorgue a nombre de dicha obra pía las escrituras correspondientes. Así lo proveyó, mandó y firmó por ante mí el notario mayor que de ello y se firma doctor don Antonio Sousa Mondragón= Ante mí= Don Nicolás Suárez de Figueroa Notario mayor= en cuya conformidad mandamos librar y libramos el presente por el que ordenamos y mandamos al doctor Don Juan de Barona Fernández, cura y Vicario del sitio de Llanogrande, que luego que con este sea requerido o en cualquier manera se le sea entregado, vea el auto inserto por Nos proveído el que guardará, cumplirá y ejecutará en todo y por todo, haciendo venta de las tierras donadas a favor de Nuestra Señora del Palmar por solares o del modo que fuese más útil a la obra pía y vecindario

(118v)

según tuviere por conveniente y para ello y otorgan las correspondientes escrituras, se le da y confiere la jurisdicción necesaria que es dada en Popayán a 30 de julio de 1760. Firmado y refrendado en la forma ordinaria= Antonio Suazo Mondragón= Nicolás Suárez.

En obedecimiento de este superior despacho, y para que tenga su debido cumplimiento se publicó por mandado y merced en la santa Iglesia [ilegible] dos días de fiesta para que así siendo notorio su contenido, tenga efecto la venta de las tierras que donó a la cofradía de Nuestra Señora del Palmar el señor comisario don Gregorio de Saa y al mismo tiempo presente a su merced correspondiente aprecio y es útil de cofradía hacer las ventas con división de solares junto a la plaza en 100 patacones, los inmediatos en 50 y que así fuesen decreciendo con la proporción de que solo valiesen 10 patacones los que estén

(f. 119)

en términos de dicha tierra cuya dimensión y venta se le comete a don Pedro de Soto para que verificadas las enajenaciones otorgue las escrituras correspondientes con las hipotecas que aseguren la permanencia y pronta recaudación de réditos que para todo lo anexo y necesario se le da la facultad debida en derecho. Así lo obedeció, mandó y firmó su merced el señor doctor don Juan de Barona cura Vicario y juez comisionario, a 28 del mes de septiembre de 1760. Por ante mí doy fe Juan de Barona = Tomás Molano notario eclesiástico.

(f. 120)

Don Pedro de Soto residente en este sitio de Llano Grande y mayordomo de Nuestra Señora del Palmar patrona y titular referido sitio como tal mayordomo de esta Cofradía y como más haya lugar en derecho ante vuestra Merced parezco y digo que arreglándome al superior orden expedida y acordada por su señoría el señor provisor y vicario general de este obispado y proporcionándome al cálculo y regulación por vuestra merced en orden a graduar los precios y valor de los solares de la tierra que tiene donada favor de dicha milagrosa imagen, el señor comisario maestro Don Gregorio de Saa tengo celebrada venta de distintas cuadras y solares y para que quede venal y pueda enajenarse el resto de dicha tierra donada, se hace preciso que demarquen y nombren cuáles son las dos posesiones que tiene excluidas a su favor el donante para cuyo efecto suplico a vuestra Merced se sirva mandársele de la correspondiente y que en el [ilegible] de la notificación excluya y especifique las dichas dos posesiones para que sabiendo cuáles son, queden exceptuadas de las cuentas que se están haciendo de la referida tierra y para que puedan otorgarse las correspondientes escrituras de la que hay enajenada [ilegible] haberse vendido así por don Bernardo de Saa en el tiempo que fue mayordomo de esta obra Pía como por mí, después

(f. 120v)

que lo soy por dimisión que hizo de esta ocupación dicho don Bernardo se hace servir de mandarse [ilegible] para que como patrono de dicha obra pía apruebe las cuentas referidas por haberse hecho estas en virtud de mandamiento superior de su señoría el señor provisor y vicario general de este obispado y con arreglo a la tasación arbitrada por vuestra merced cuya regulación es que los solares de plaza valgan 100 patacones, los inmediatos 50 y que vaya disminuyendo la estimación de ellos según que fueren alejando de modo que solo valgan 10 patacones los que se hallan en el término de dicha tierra con cuyas condiciones se ha vendido algunas y con la que para la seguridad y permanencia de estos principales dejen los compradores por finca hipoteca la misma tierra que se les vendió al mismo tiempo todas las mejoras que pusiesen en ellas. Pues de este modo no solo se perpetúan y aseguran las cantidades que resultan a favor de la obra pía sino que esta logra mayores adelantamientos para que solo así pueda facilitarse la cuenta del todo de la tierra por lo cual, a vuestra merced pido y suplico se sirva de proveer

(f. 121)

y mandar que el señor comisario maestro Don Gregorio de San especifique cuáles son las dos posesiones que tiene exceptuadas en la tierra donada favor de Nuestra Señora del Palmar y que don Bernardo de Saa como patrono que es de esta obra pía apruebe las cuentas y sus seguros para que con las condiciones que tengo interesadas se les otorguen las correspondientes escrituras que es lo necesario. Juro no proceder de mala fe. = Pedro de Soto.

El señor comisario maestro don Gregorio de Saa, deslinde y exprese cuáles son las dos posesiones de tierra que tiene excluida de las tierras que donó a Nuestra Señora del Palmar y aunque dicha donación no solo se halla aprobada por su señoría el señor provisor y vicario general de este obispado sino que como patrono general de los obras pías tiene dado su consentimiento y librado orden expreso para que hecha prudente regulación del valor de la tierra donada se venda en junto o con división a mayor abundamiento désele vista a las ventas hechas por don Bernardo de Saa sin perjuicio de dicha superior orden y obre todo lo que hubiere lugar en derecho. Procuro este decreto su merced el señor doctor don Juan Barona, cura vicario y juez comisario

(f. 121v)

Para el efecto de avaluar y vender la tierra donada a favor de la cofradía de Nuestra Señora del Rosario del Palmar hoy veintiuno del mes de octubre de 1761, por ante mí, le presente notario de que doy fe= Don Juan Barona= Tomás Rodríguez Molano, notario eclesiástico.

Documento # 09

Fuente: Archivo Histórico de Cali, Notaría Primera, 1766, Vol. 47, ff. 226-227.

Venta de solar en Llanogrande en diciembre de 1762.

En la ciudad de Santiago de Cali en el día catorce del mes de octubre año de 1766 ante mí Joseph Vernaza escribano principal y de cabildo y testigos pareció presente don Pedro Rodríguez Guerao vecino de esta que doy fe y conozco y otorga que debe realmente y con efecto a la cofradía de Nuestra Señora del Palmar del sitio de Llanogrande es a saber la cantidad de seiscientos patacones de ocho reales por [ilegible] que confiesa haber recibido desde el día primero del mes de diciembre del año pasado de setecientos sesenta y dos de mano de don Pedro de Soto mayordomo de dicha Cofradía del producto de la venta de solares [roto] que tiene celebradas de cuya cantidad se da por entregado a su voluntad sobre que renuncia el alegar lo contrario, dolo, engaño con la ley de la *non numerata pecunia* su prueba y demás de este caso. Y hasta en tanto que paga y redime este dicho principal se obliga a satisfacer los réditos de un cinco por ciento al año al dicho mayordomo que al presente es y a los que en adelante lo fuere. A cuya seguridad, cumplimiento y firmeza se obliga con su persona y bienes habidos y por haber y sin que la obligación general deroga a la especial obliga a hipoteca expresamente una hacienda de campo que tiene y posee en el sitio del Limonar que se compone de tierras, esclavos, ganados y sementeras con los demás utensilios de su servicio la que no venderá ni enajenará hasta que no conste cancelada esta escritura. Y todo poder y se somete a las reales justicias de Su Majestad de cualesquier partes que sean para que a lo que derecho lleva, lo obliguen, compelan y apremien por todo rigor de derecho y vía ejecutiva como por contrato y sentencia pasada en autoridad de cosa juzgada consentida y no apelará sobre que renunció a todas las leyes que sean de su favor, ley y conveniente, para domicilio y vecindad con la general del derecho en forma. Y estando presente el dicho don Pedro Soto vecino de esta y mayordomo mayor de dicha Cofradía que también doy fe conozco habiendo oído el tenor de esta escritura a favor de dicha Cofradía dijo que como tal mayordomo la aceptaba y aceptó. En cuyo testimonio así lo dijeron, otorgaron y firmaron siendo testigos don Pedro del Valle, don Cristóbal Martínez y Joseph de Aragón, vecinos = Pedro Rodríguez Guerao, Pedro de Soto, ante mí Joseph Vernaza.

Fuente: Archivo Histórico de Cali, Notaría Segunda, 1782, ff. 178v-180.

Cofradía de N. S. Rosario del Palmar vende lote a Mateo Marmolejo, 1782.

En el sitio de Llanogrande términos y jurisdicción de la ciudad de Buga a veintiséis días del mes de septiembre de 1782 ante el escribano público de la ciudad de Cali y Real de esta América ítem que se nominarán, pareció presente el señor don Vicente Olave, Cura propio vicario y juez eclesiástico de este dicho sitio que doy fe que conozco y dijo: que el señor alcalde de la Santa Hermandad de la ciudad de Cali don Pedro de Soto, en tiempos pasados siendo mayordomo la Cofradía de Nuestra Señora del Palmar de este sitio vendió a censo redimible, y al quitar, al maestro Don Mateo Marmolejo presbítero, cuatro cuadras de tierra de globo de las que donó a dicha Cofradía el maestro don Gregorio de Saa componiéndose cada cuadra de tierra cuadrada de cuatro solares por la cantidad de ciento sesenta patacones de ocho reales los que tiene satisfechos y pagados. En esta forma los ochenta de las dos cuadras, al referido mayordomo, que lo fue en aquel entonces como consta de cuenta dada por el dicho en el libro dedicado para la dicha Cofradía, que se halla en poder del señor otorgante al que se remite; y los otros ochenta patacones de las otras dos cuadras de tierra entregados a Don Domingo de Saa, [ilegible] reconocimiento de ellos por separado, a favor de dicha Santa Cofradía. Y mediante a que según lo referido tiene dicho Maestro Marmolejo redimidas otras cuatro cuadras de tierra, y atendiendo a que en lo presente no hay mayordomo de dicha Cofradía por no haberse nombrado, cuyo cargo recae en su maestro el Señor Vicario. En esta atención otorga en nombre de dicha Santa Cofradía, que vende y da en venta real y en perpetua enajenación desde ahora para siempre jamás, al dicho maestro don Mateo Marmolejo para el susodicho y los suyos, las referidas cuatro cuadras de tierra que se hallan arriba de este sitio y lindan por la parte de arriba con tierras de los herederos de don Juan de Cárdenas, en donde hace una hoyada a manera de chamba, y por el un costado, hacia el lado de Buga, con el zanjón que llaman de Romero, del cual tirando para el lado del Salado se deben entender las dos cuadras en ancho y de la dicha hoyada para abajo las otras dos cuadras en largo, que por esos linderos y su situación son bien conocidas, y deslindadas y se las vende al dicho maestro don Mateo Marmolejo, por libres de todo censo, empeño, ni hipoteca, en la cantidad referida de los ciento sesenta patacones que el comprador tiene satisfecha en los términos que arriba consta. Y en esta virtud a nombre de la Cofradía a su cargo, declara que la enunciada cantidad es el justo legítimo precio, y verdadero valor de las expresadas cuatro cuadras de tierra, y que no valen más y que en el caso que más valga, o valer pueda, de la demasía y más valor, en poca o mucha cantidad que sea, hace gracia y donación en nombre de dicha Santa Cofradía, al comprador y los suyos buena, pura, mera, perfecta e irrevocable de las que el derecho llama intervivos, con insinuación en forma; cerca de lo cual renuncia la ley de ordenamiento Real fecha en Cortes de Alcalá de Henares, y los cuatro años del remedio en ella declarados que tenía para pedir rescindir y suplemento al verdadero valor de este contrato. Y desapodera de este, quita y aparta, a la dicha Santa Cofradía a su cargo, del derecho de acción, posesión, propiedad, dominio y señorío que a las otras cuatro cuadras de tierra ha tenido. Y todo lo cede, renuncia y traspasa en el comprador y los suyos, para que, como dueño absoluto, las haya, goce, posea o enajene, como por bien tuviese en virtud de esta escritura con que haya servido haberlas adquiridas sin otro acto de aprehensión de que le releva y como realmente vendedora que es la dicha Cofradía a su cargo la obliga el señor otorgante a la evicción, seguridad y saneamiento de esta venta en toda forma y conforme a derecho. Y en este estado dijo el señor otorgante que el dicho maestro don Mateo Marmolejo por tal que se le concediese permiso para hacer su casa de vivienda a la espalda de la Santa Iglesia matriz de este pueblo, en tierra de dicha Santa Cofradía ha contribuido en beneficio de esta con 20 patacones que en dinero se le han entregado a Don Domingo de Saa para que unidos con los 80 que tiene recibidos según se refiere en esta escritura que se le corresponde de reconocimiento al censo, así que la que le corresponde de reconocimiento de censo a cinco por ciento al año a favor de dicha Cofradía y que habiendo dicho maestro don Mateo Marmolejo estipulado por tal de que se le concediese el permiso de hacer su casa en dicha tierra, para vivir en ella todos los días de su vida, donar a dicha Santa Cofradía cuanto en ella edificase y mejoras que pusiese. Desde luego concede el otorgante dicho permiso al expresado maestro don Mateo para que ninguna persona pueda inquietarle en la posesión de dicha tierra durante los días de su vida como está estipulado y que por lo que de esta estipulación resulta en favor y utilidad de dicha Santa Cofradía, a su favor la aceptaba y aceptó, y la obligación con sus bienes y fondos habidos y por haber, a la seguridad y firmeza, tanto de la venta hecha de las cuatro cuadras de tierra como al permiso dado según la estipulación que arriba consta en la más bastante forma como de derecho corresponde. Y estando presente el dicho maestro don Mateo Marmolejo presbítero de este obispado a quien asimismo doy fe conozco, habiendo oído y entendido el tenor y forma de esta escritura de venta a su favor otorgada dijo que la aceptaba y aceptó a su favor. Y que por lo que le corresponde en asunto del permiso que se ha dado por el dicho señor cura y Vicario doctor don Vicente de Olave para edificar su casa de vivienda a la espalda de la Santa Iglesia matriz de este sitio sin que se le pueda impedir, el uso y posesión de la tierra que ocupa durante los días de su vida dando por esto 20 patacones según se ha hecho mención y a dejar por su fallecimiento en beneficio de dicha Santa Cofradía las casas que ha edificado y demás mejoras que en dicha tierra hiciese. Se obliga, conforme a derecho con sus bienes y rentas que tiene y tuviere, a tener por firme, cierta y segura esta imputación en cuyo testimonio así lo dicen, otorgan y aceptan, y firman, siendo testigos el señor alcalde provincial don Francisco Sinisterra y don Simón Velarde Visitador eclesiástico de este sitio de lo que doy fe = Doctor Vicente Olave. Mateo Marmolejo y Rodríguez. Ante mí, Marcelo Roso.

Documento # 11

Fuente: Archivo Histórico de Cali, Notaría Segunda, vol. 13, 1783, ff. 258-283v.

Testamento de Margarita Rengifo de Cobo, 1783.

En el nombre de Dios Todopoderoso Amén, sepan que esta memoria de testamento cerrado diciendo como doña Margarita Rengifo natural y vecina de esta ciudad de Santiago de Cali, hija legítima de don Pedro Rengifo y de doña Antonia Cobo, difuntos, hallándome sana del cuerpo y en mi entero y sano juicio, memoria y entendimiento natural tal cual Dios ha sido servido de darme. Creyendo como firmemente creo en el Altísimo misterio de la Santísima Trinidad, Padre, Hijo y Espíritu Santo, tres personas distintas, y no más que un solo Dios verdadero y en todos los demás misterios que tiene, predica y enseña nuestra Santa Madre Iglesia Católica Apostólica Romana bajo de cuya fe y creencia he recibido y protesto vivir y morir como católica y fiel cristiana. Y a prevención temerosa de la muerte que a toda criatura es natural, hago y ordeno esta mi memoria testamental cerrada última y final voluntad en la forma y manera siguiente: primeramente encomiendo mi alma a Dios nuestro Señor que la creó y redimió con el infinito precio de su santísima y preciosísima sangre y el cuerpo mandó a la tierra de que fue formado el que quiero y que es mi voluntad sea sepultado en la iglesia matriz de la parte y lugar donde falleciese amortajado con el hábito de mi padre San

Francisco y que mi entierro y demás exequias se hagan con cruz alta presente y padres redentores haciéndome tres posas cantándose la vigilia correspondiente y si fuese ora competente que se me diga misa de cuerpo presente y de no al día siguiente, continuándose tres días de honras y después hacérseme el cabo de año en la misma conformidad de otros tres días de honras declarándolo así por ser mi voluntad. Ítem declaro y es mi voluntad se le den a las mandas [ilegible] y acostumbradas a cuatro reales a cada una a la de los santos lugares de Jerusalén dieciséis patacones lo que se pagará de mis bienes. Declárolo así por ser mi voluntad. Ítem declaro que no he sido casada ni velada y siempre me he mantenido en el estado de soltera por lo que no tengo herederos forzosos descendientes ni ascendientes declárolo así para que conste. Ítem declaro por bienes míos un derecho de tierras en el indiviso de Llanogrande que por lo largo empieza desde el pie de la parte del lado de abajo de la mata de guadua para arriba hacia la sierra en lo largo hasta el zanjón de El Salado sirviendo dicho zanjón de lindero bien entendido que dicha zanja del Salado sirve de lindero desde donde se junta con el zanjón de Aguaverde para el pueblo hasta donde hace un codo que señala una reja ya grande y de dicho codo para el zanjón de Romero línea recta y volviendo a dichas juntas de Aguaverde y El Salado para el río del Bolo se tira de ellas línea recta hasta el zanjón de Sumbáculo y de dicho zanjón de Sumbáculo donde dio dicha línea desde ahí sube más para arriba hasta donde llaman los Llanitos y de dichos llanitos se tira línea recta hasta el río del Bolo; todo esto en lo largo que en lo ancho es así por la parte de abajo como por la parte de arriba desde el zanjón de Romero hasta río del Bolo. Ítem declaro que en dicho derecho de mis tierras se haya incluso un derechito de tierras entre el zanjón de Romero y la acequia de Llanogrande perteneciente a Antonio Farfán que lo donaron mis antecesores a Isidro Rengifo. Es a saber que dicha donación se hizo en dos partidas, la primera fue de tres cuadras en ancho una en largo y la segunda fue de dos cuadras en lo ancho y una en largo que componen ambas dos partidas cinco cuadras y no más, por lo que la tierra que sobrase y hubiese de más de las cinco cuadras toca y pertenece al derecho de mis tierras como bienes míos, declárolo así para que conste.

Ítem declaro que en dicho derecho de mis tierras tenía un solar de tierra que se componía de cincuenta varas de largo y cincuenta en ancho lindando en la esquina de la ermita y plaza de dicho pueblo de Llanogrande en que vendí al mismo don Jacinto de Sinisterra presbítero, declárolo así y para que conste. Ítem declaro por bienes míos una casa cubierta de tejas nueva que tengo fundada en tierra propia en la plaza de dicho pueblo de Llanogrande con sus puertas y ventanas de madera y el solar cercado y sembrado con su platanar con su cocina de paja y dentro de dicha casa para su adorno tengo doce sillas de sentarse las diez nuevas con sus espaldares dorados y las dos usadas, dos escaños, una mesa y un estrado de madera, tres docenas y tres platos de loza de la China, cuatro platones los dos grandes y dos pequeños de la misma, dos palanganas, dos jarritas azulitas, otra chiquita con su tapita todo de loza de la China. Dos limeras de cristal una con tapa de plata y la otra con tapa de vidrio con todos los demás bienes y utensilios que se encontrase en dicha casa declárolos por bienes míos.

Ítem declaro por bienes míos otra casa de paja que se halla en la esquina de la plaza de dicho pueblo que linda calle en medio con la casa y posesión de don Pedro de Soto, con su solar cercado y sembrado de platanar, la cual casa se halla con sus puertas y ventanas de madera con el menaje siguiente: un escaño, una mesa, tres sillas de sentarse y su cocina también cubierta de paja, todo fundado en tierras propias mías declárolo todo por bienes míos.

Ítem declaro por bienes míos una casa cubierta de teja que sirve de trapiche fundada en dichas mis tierras con su ingenio de moler caña con sus hornillas y en ellas tres fondos de metal armados, veintidós hormas de hacer azúcar, dos canoas de echar miel, nueve almudes de caña de sembradura y otros cinco almudes de platanares de sembradura, todo fundado en tierras propias mías declárolo por mis propios bienes.

Ítem declaro por bienes míos la casa cubierta de teja de alto y bajo que se halla en mi hacienda y en jurisdicción de esta ciudad de Cali con la demás casería de paja de vivienda de mis esclavos y en dicha casa se halla un oratorio con licencia del señor Ordinario para poder decir en él misa por dos años, y en dicho oratorio se halla un niño Jesús en cajón dorado con varios dijes de muchimba y una cadenita de oro con un óvalo engastado en lo mismo, un señor crucificado en su cajón con su cruz con remates de plata y otra cruz de carey. Un nacimiento de San José, la Virgen y el niño Dios con sus tres espejos, su Santa Ana y la niña María, cada una con sus brazaletes y gargantilla de oro y otros varios santicos que hay con San Pedro y Santa Rita y la Virgen del Palmar que también tiene su gargantilla de oro, declárolo todo por bienes míos.

Ítem declaro por bienes míos dos ornamentos con sus casullas la una de persiana y la otra morada de seda con sus colores de amarillo y blanco, un misal, un cáliz de plata dorado, su patena vinagrera y una palanganita de plata en [ilegible] y todo lo demás concerniente a dicho ornamento declárolo por bienes míos. Ítem declaro que en el alto de dicha casa de mi hacienda tengo dos sillas de sentar y abajo dos mesas, un escaño, tres cajas de madera la una grande y las dos más chicas, una mesita con su cajón en un cuarto del corredor y cinco escritorios con todos los demás bienes y utensilios que se encontrasen con claridad; que un escritorio grande se halla con sus chapas de plata y así mismo encontrará dos frasqueras de vidrio verde. Ítem declaro por bienes míos una cajita grande de costura, declárolo por bienes míos.

Ítem declaro por bienes míos cincuenta esclavos chicos y grandes, negros y mulatos cuyos nombres son en la forma siguiente: Rosalía. Jacinto. Gregorio. Toribio. Christina. Josefa. Luis Josef. Bárbara. Antonia. Tomasa. Francisco. Isabel. Trinidad. Pedro. Lugarda. Maruchín. Juanico. Hipólito. Christóbal. Baltasara. Francisca. Petrona. Domingo. María Manuela. Carmela. Augustina. Josef Santos. María Isabel. Joaquín. Rosa. Miguel. Manuela. Inés. Hilario. Mariana. María Ascención. Manuel Santos. Micaila. Lucía. Bernabela. Roque. Antonio. Vicenta. Clemencia. María Petrona. Francisco. Manuelico. Rita. Nicolasa. Simón, declárolos por bienes míos. Ítem declaro por bienes míos trescientas setenta yeguas, ciento once capones, dieciséis caballos enteros, cincuenta y tantos potros herrados, cuarenta mulas, dos mil y más reses de ganado vacuno, doce yuntas de bueyes de tiro, y cuatro yuntas con sus aparejos, ochenta cabras más que menos, treinta y siete mulas de cría más que menos, cinco burros el uno [ilegible] y más de veinte ovejas de cría; todo lo dicho se halla pastando en las referidas mis tierras, declárolo todo por bienes míos.

Ítem declaro por bienes míos un baulito chico embarnizado, una paila grande y otra mediana y en la casa de dicha mi hacienda una campana con las demás servidumbres de mangas, corrales, cocina, horno y una romana, declárolo todo por bienes míos. Ítem declaro por bienes míos las tierras de La Laguna de Barrancas Altas que linda desde dicha laguna línea recta al Paso del Limón de la acequia de Llanogrande y el río de Nima, bien entendido que la acequia nominada sirve de lindero desde el Paso del Limón para arriba hacia la sierra hasta la toma y de ahí para arriba linda con el río de Nima que en lo ancho por la parte de arriba sigue del dicho río hasta la quebrada de Zapata hasta donde se junta con la quebrada Honda y en lo largo es de la laguna nominada hasta la montaña, y es claridad que este derecho de tierra se halla proindiviso y por partir entre cuatro interesados hallándose mi parte por mis antepasados en el incluso por el que se halla en litigio pendiente ante S. A., es mi voluntad que si a Su Alteza declarase en contra mía y los otros tres herederos no se hable sobre el particular, y asimismo declaro que en dicho derecho de tierra tengo cosa de setenta reses de ganado más o menos de lo que da la cuenta

Juan de Mena a cuyo cuidado se halla con lo más que hubieren, declárolo así. Y es claridad que de los cuatro derechos de tierras en Barrancas Altas, el uno que es el mío no tiene pleito por haber sido heredado de mi abuelo don Juan Rengifo, y por el otro que le correspondía a los Cárdenas el que compró mi abuelo don Juan Rengifo es por el que quieren tener litigio y creo se halla pendiente ante S.A., declárolo así para que conste. Ítem declaro por bienes míos un rosario engastado en oro con su crucero de medallas de filigrana y un óvalo por su remate, tres cadenas de oro, una de filigrana con su óvalo y las otras dos, la una con su óvalo pequeño y la otra con su óvalo grande de agnus, dos gargantillas de oro, dos [ilegible] la una con su cruz de esmeraldas y la otra con sus [ilegible] de vidrio, dieciséis sortijas de piedras diversas y entre ellas tres de diamantes, cinco pares de zarcillos, digo seis, los unos con sus goteras de esmeraldas de [ilegible], otros de perlas y los demás también unos de perlas y otros con esmeraldas y piedras ingas. Ítem [ilegible] de perlas, unas manillas de perlas gordas, otro par de manillas de cuentas de oro y otro par asimismo de cuentas de oro revueltas con granates finas. Dos pares de orejeras de perlas con sus florecitas de perlas y varias sortijas de muchimbre de oro que no tengo presente. Un rosario de cuenta de coco engastado en oro con su cruz engastada en oro, declárolo todo por bienes míos. Ítem declaro deberme algunos sujetos cuyos nombres y importes constará por apartes que se hallarán en mis papeles, mando se cobre todo y agregue a mis bienes. Ítem declaro no deber a persona alguna que haga memoria y si alguna demandase a mis bienes, mando se le pague hasta tres patacones con su simple juramento y de hacer que lo verifique conforme a derecho. Ítem declaro tener cumplido y pagado todo lo que así verbalmente como por escrito me ordenaron mis padres de cuya orden entregué a Marcos de Aragón como marido y conjunta persona de Rosalía Romero, cien patacones que en hasta lo presente no me ha dado recibo. Declárolo así para que conste. Ítem declaro asimismo haber entregado por orden de mis padres a doña Gertrudis de Soto hija de don Pedro Soto un solar de tierra que es en el que tiene edificada su casa de teja en el indiviso de Llanogrande, dicho Soto, y medido dicho solar de tierra lo demás me corresponde; declárolo así para que conste. Ítem declaro dos pares de botones de oro con esmeraldas que me sirven de abotonar los puños, una botonadura de oro de cheleque y calzones que fueron de mi padre con toda la ropa de mi uso así blanca como la de color que darán cuenta mis albaceas, declárolo por bienes míos. Ítem declaro por lo que pueda importar que a don Pedro de Soto le di trescientos patacones, ciento en plata y doscientos más o menos que cobró de don Simón Pardo y con ellos hacer de todo avío, lo remití a la ciudad de Quito a defender cierto litigio el que se perdió y en este intermedio estuve en el sitio de Llanogrande manteniendo de lo necesario a toda su familia, y después que vino de dicho Quito pidiéndole la cuenta de gastos, jamás la ha querido entregar negándose a firmar la liquidación de todo [ilegible] por razón que en caso de que hiciera algún alcance, ni él ni sus hijos no me habrán de cobrar y con esto [ilegible] ni jamás ha querido concurrir al ajuste de dichas cuentas aunque lo he amenazado con la justicia respecto de que según las que lo vengo, según ellas lo alcanzo, declaro que si dicho don Pedro de Soto intentase demandar a mis bienes por esta razón o por otra que no sea justa, no se le dé cosa alguna por tenerle recompensado, todo declárolo así para que conste. Ítem declaro ser albacea de Antonio Charria y por lo que mira a su cumplimiento lo tengo efectuado como consta de los autos que se hallan en mi poder a los que me remito, y el dinero que han fructificado los bienes de esta testamentaria y pertenece a los herederos de dicho Sarria, lo tiene el maestro don León de Soto a fianza pupilar pagando un cinco por ciento para los menores y hasta lo presente no ha otorgado el instrumento correspondiente a favor de ellos con la seguridad que se debe, mando a mis albaceas que si antes de que yo fallezca no hubiere otorgado dicho instrumento lo obliguen a ello o que satisfaga el importe con sus réditos declárolo así para que conste. Ítem declaro por bienes míos cinco platillos de esmeraldas y la [borrada] de plata, seis cucharas y seis tenedores de lo mismo, tres tarros de lo mismo, el uno chico y los dos grandes, una totuma, una palangana de lo mismo, un candelero de plata y un [ilegible] de perlas con una esmeralda ilegible declárolo todo por bienes míos. Ítem declaro por bienes míos un arpa y una citara, mando se agregue a mis bienes. Ítem quiero y es mi voluntad que del cuerpo de mis bienes saquen cuatro mil patacones del principal con los que se refundará una capellanía y buena memoria de misas perpetuas, a beneficio de mi alma, la de mis padres, abuelos, parientes y demás del purgatorio que sea del agrado de Dios nuestro Señor para ello efecto nombro por capellán propietario de dicha capellanía a Antonio Rengifo niño expósito que desde el tiempo de mis padres lo botaron y lo criamos como nuestro hijo, cuya capellanía desde la hora en que yo fallezca es mi voluntad que entre gozando de sus respectivos réditos con la aprobación de su señoría Ilustrísima, que quiero que dicha capellanía sea [ilegible] de legos y que aunque dicho Antonio no se ordene, siempre hasta su fallecimiento goce de los réditos mandando decir las misas de obligación a dos patacones cada una y siendo él el que las dice si consigue el ordenamiento sacro las doto a veinticinco patacones cada misa y el demás superávit como va dicho en el caso de no ordenarse lo lleve para sí, mando decir las ocho misas de obligación a dos patacones cada una y por muerte de dicho Antonio nombro por capellán propietario de dicha capellanía a los hijos y descendientes legítimos de don Francisco Vivas Serrano y de Doña Josefa de Abenia y Cobo al que se hallare más apto y pronto prefiriendo el varón y la hembra y el mayor al menor según el orden de la sucesión llevando en la misma conformidad los réditos de dicha capellanía y por defecto de éstos nombro en la misma conformidad por capellán propietario de dicha capellanía al pariente más inmediato mío y por patrono de dicha capellanía nombro a mis albaceas con la facultad de poder nombrar así otros patronos en su fallecimiento como en caso de vacantes nombrar interinarios y por lo [ilegible] de mi sangre y parentesco disponer de dicha capellanía en donde siempre se mantenga servida y con seguridad, declárolo así por ser mi voluntad.

Quiero y es mi voluntad que a dicho Antonio Rengifo, niño expósito que he criado, después de mis días se le dé a una negra llamada Vicenta hija de Micaela y a su hija Rita también negrita y asimismo se le entregará un mulato llamado Francisco también hijo de Micaela por haber sido así voluntad de mi madre, declárolo así para que conste y ser voluntad mía. Ítem quiero y es mi voluntad que a dicho Antonio Rengifo se le den de mis bienes veinticinco reses, dos caballos, dos mulas y su silla de montar que tiene engastada en plata, un platillo, una cuchara y tenedor, un jarro y una papelera por ser así mi voluntad. Ítem quiero y es mi voluntad que del cuerpo de mis bienes se saquen dos mil patacones de principal y que se aseguren conforme a derecho y con el rédito de ellos sirva pagar las misas del Señor Sacramentado del pueblo de Llanogrande en todos los jueves del año para que se digan con la decencia y veneración que se debe, y si fuese posible se haga la procesión correspondiente con su divina majestad en su Santa Iglesia, aplicando el cura las misas de esta santa obra por mi alma, la de mis padres, parientes y demás del purgatorio a honra y gloria de Dios Nuestro Señor, nombrando como nombro por patrono de dicho principal para su seguro y perpetuidad a mis albaceas y por defecto el mayordomo de dicha Santa Cofradía y en su defecto al cura que es o fuese de dicho pueblo, así por ser mi voluntad. Ítem declaro que sobre mis bienes tengo cargados trescientos patacones de principal que a beneficio de las benditas ánimas del purgatorio fundé una capellanía a favor del maestro don Gaspar de Soto a su nombre por capellán propietario de ellos mando que se saque dicho principal y se asegure conforme a derecho y que asimismo se saquen de mis bienes cien patacones y se agreguen a los trescientos para que quede dicho principal de cuatrocientos patacones y que de este modo quede salva mi conciencia sin reato alguno por haber sido la fundación de dicha capellanía de unas reses que mi padre tenía separadas para las benditas ánimas y cuando otorgue dicha fundación de capellanía se hizo de otros derechos trescientos según el número que de dicho ganado y para quitar de dudas mando se agreguen otros cien pesos y que se guarde de la fundación declárolo para que conste. Ítem quiero y es mi voluntad que el cuerpo de mis bienes se saquen dos mil patacones y se pongan ganado y se pongan a censo perpetuo para que con sus réditos se digan en todos los viernes del año a Jesús Nazareno sito en la ermita del pueblo de Llanogrande una misa con toda veneración, cantada por el estipendio de dos patacones, nombrando como nombro por patrono de dicho principal para su seguro y permanencia al mayordomo de dicha Cofradía y por su defecto al señor cura párroco que es o fuese quién verá si alcanza el estipendio para las misas cantadas de todo el año y de no, que proporcionablemente al dicho estipendio las diga por mi intención aplicadas por mi alma, la de mis padres, abuelos, parientes y demás del purgatorio a honra y gloria de Dios nuestro Señor declárolo así por ser mi voluntad. Ítem quiero y es mi voluntad que toda mi plata labrada que se hallase en mi fallecimiento se entregue al señor cura mayordomo de la Cofradía de Jesús Nazareno de dicho pueblo de Llanogrande para que con ello se mande hacer unas mariolas y se pongan en el altar para su adorno y veneración, y asimismo se les entregará todo el adorno que se encontrase en el oratorio que tengo en mi casa de hacienda de Llanogrande que se compone de algunas imágenes con algunas alhajas de oro y varios santicos, un ornamento con dos casullas, cáliz, ilegible su patena, vinajeras, campanilla de plata y una campana grande de metal todo lo que se entregará a los referidos en la conformidad que se hallará para que sirva a dicha Santa iglesia de Jesús Nazareno de adorno y veneración en su santa ermita de Llanogrande. Declárolo así por ser mi voluntad. Asimismo, se entregarán dos alfombras que por mías tengo para el adorno de dicha Santa ermita y un arpa. Ítem quiero y es mi voluntad que del cuerpo de mis bienes se saquen cien patacones y se repartan por mis albaceas a los pobres de sitio de Llanogrande y por ser así mi voluntad. Ítem quiero y es mi voluntad que del cuerpo de mis bienes se saquen veinticinco patacones y se le den al eclesiástico que me asistiese en el artículo de la muerte y me asistiese con la obligación de decirme en aquel día que falleciese una misa aplicada a beneficio de mi alma.

Ítem quiero y es mi voluntad que del cuerpo de mis bienes que saquen cuatrocientos patacones y que con ellos se me manden decir a todos los eclesiásticos una misa a patacón cada una así los que se hallasen en aquel sitio de Llanogrande como a todos los eclesiásticos de esta ciudad de Cali que en ella se hallasen así clérigos como religiosos pagándoseles a los del convento de San Francisco de esta ciudad de Cali a dos patacones cada una, de los cuatrocientos patacones referidos se entreguen al padre Guardián o síndico de dicho San Francisco de esta ciudad para que con ellos me haga una, dos o tres días de honras en su convento según el residuo que quedase de dichos cuatrocientos patacones por ser así mi voluntad. ítem quiero y es mi voluntad se le entreguen por mis albaceas al mayordomo que es o fuese y por su defecto al cura párroco de la Santa Iglesia de Llanogrande todas mis alhajas de oro y perlas con cien patacones más que se darán de mis bienes para la Virgen del Palmar sita en la iglesia parroquial de dicho Llanogrande Llanogrande para el adorno, decencia y veneración de dicha Santa efigie con claridad que el ogador de perlas y manillas de oro se le han de poner a dicha Santa efigie y todo lo demás verán mis albaceas si hubiesen por conveniente venderlo para que con su importe mandar hacer mariolas y otras cosas para su adorno, declárolo así por ser mi voluntad.

Ítem quiero y es mi voluntad se saquen de mis bienes cien patacones para que se apliquen al beaterio de esta ciudad para que sirvan de adelanto y que se apliquen a la virtud y honestidad de las mujeres, declárolo por ser así mi voluntad. Ítem quiero y es mi voluntad se le den de mis bienes cincuenta patacones a la Virgen de las Mercedes de esta ciudad y otros cincuenta a la efigie del Señor de los Milagros de Buga para el adelantamiento de sus divinos cultos, declárolo así por ser mi voluntad. Ítem quiero y es mi voluntad que de mis bienes se saquen doscientos patacones y que de ellos lo ciento se le den a doña Margarita Vivas Serrano hija de don Francisco Vivas Serrano y de doña Josefa de Abenia y los otros ciento a los hijos legítimos de don Pedro Escandón y de doña Custodia Vivas, para que les sirva de alguna ayuda por ser así mi voluntad. Ítem quiero y es mi voluntad que a mi niño Antonio expósito se le dé y entregue la casa de paja que tengo en el sitio de Llanogrande con el menaje que queda referido y su solar de tierra en el situado para que viva en ella como propia a su voluntad. Ítem quiero y es mi voluntad que en mi fallecimiento se les dé por mis albaceas carta de ahorro y libertad a los esclavos siguientes: a Rosalía mulata con sus tres hijos llamados Jacinto, Toribio y Gregorio. A Tomasa mulata y sus cuatro hijos llamados Isabel, Francisco, Trinidad y Pedrito. A Cristina mulata con cuatro hijos llamados Josefa, Bárbara, Luis y Antoñita. A Mario mulato y a Cristóbal también mulato. A Inés mulata con su hija Ascensión. A los tres hijos de la mulata Petrona llamados Rosita, Joaquín y Miguel. A Isabel mulata. A María Manuela negrita hija de Dominga, negra. A Mariana hija de Manuela. A todos los cuales dejo por libres por ser así mi voluntad. Quiero y es mi voluntad que a los dichos libertinos se les de cuatro cuadras de tierra en largo y tres en ancho de las que poseo contra el Bolo arrimado a sus montes para que logren de ellos con propiedad y apropiación de dicha tierra para que con ella hagan sus caseríos, vivan y críen sus animales sin impedimento ni discordia alguna con claridad que ninguno de ellos ha de poder vender dicha tierra y que sólo en caso de venderla ha de ser con gusto y beneplácito de todos por serles útil. De igual gracia les hago con la obligación de que así los dichos libertinos como todos sus descendientes, siempre han de tener cuidado de cada año en el día que yo falleciere mandarme decir una misa con su vigilia aplicada para el bien de mi alma, la de mis padres, parientes y demás del purgatorio y que su importe sea a proporción de todos por ser así mi voluntad. ítem quiero y es mi voluntad que a cada uno de dichos libertinos se les dé de mis bienes a cuatro reses de cría, dos yeguas y un caballo, para que les sirva de ayuda para su manutención por ser así mi voluntad. Y por cuanto a todos los demás mis esclavos que los dejó por tales con dolor de mi corazón por haberlos querido como los quiero a todos con igual amor, se les dará a estos a cada uno asimismo a cuatro reses de cría, dos yeguas y un caballo y que con el si Dios fuese servido según su hombría de bien podrán libertarse y el que se libre dentro de diez años desde el en que falleciese, lo tendrá también el mismo día en la tierra asignada a los libertinos de dicha sin impedimento alguno en la misma conformidad que queda expresado declárolo así por ser mi voluntad. Ítem quiero y es mi voluntad que del cuerpo de mis bienes se saquen mil patacones por mis albaceas y los distribuyan dándoles el destino en que les tengo comunicado declárolo por ser mi voluntad. Ítem declaro tener en el sitio Llanogrande alguna cantidad de dinero usual y corriente cuyo monto no expreso y lo haría al tiempo y cuando convenga y Dios fuere servido por una carta cerrada y sellada que dejaré firmada de mi mano en uno de mis escritorios para que conozca lo que hubiera respecto de que pueda gastar de ello en lo presente o aumentarse, declárolo así para que conste. ítem declaro que entre la ropa de mi uso tengo una saya de brocato y dos mantelinas de terciopelo, la una azul y a otra colorada con su punta de plata, mando que dicha saya de brocato se hagan casullas y que sirvan de decencia a la capilla de la ermita de Jesús de Llanogrande y las mantelinas se agreguen a mis bienes. Ítem quiero y es mi voluntad que a mi fallecimiento se saquen de mis bienes doscientos patacones y se compren de bayeta y lienzo y se les dé a proporción de vestir a todos mis esclavos así los que dejo libres como a los que quedan esclavos por ser así mi voluntad.

Item quiero y es mi voluntad se le den cincuenta patacones al glorioso y señor San José del convento de San Francisco de esta ciudad de Cali para ayuda y adorno de su Santa imagen. Y en el remanente de mis bienes nombro por mi única y universal heredera a mi alma de todos mis bienes, derechos y acciones para que con ellos se funde una capellanía y buena memoria de misas perpetuas a beneficio de dicha mi alma, de mis padres, abuelos y parientes y demás del purgatorio dotando como doto cada misa con el estipendio de cuatro patacones y nombrando como nombro por capellán propietario de ella al dicho Antonio expósito niño que he criado y en ínter consigue el ordenamiento sacro mandase a decir las misas por el estipendio ordinario y el demás superávit lo llevará para sí y en todo lo demás re guardará el orden de la cláusula de la capellanía de los cuatro mil de principal que dejo expresado por ser así mi voluntad. Ítem quiero y es mi voluntad que del cuerpo de mis bienes se saquen cincuenta patacones y se le den al Señor del Buen Consuelo del pueblo de Yumbo para que se distribuyan en el adorno y decencia de su camarín por ser así mi voluntad. Y para cumplir y pagar este mi testamento cerrado, mandas, legados y todo lo en él dispuesto nombre por mis albaceas testamentarias fideicomisarios y tenedores de mis bienes.

En primer lugar al señor doctor don Vicente de Olave cura Vicario y juez eclesiástico del pueblo de Llanogrande y en el segundo al señor capitán don José Micolta justicia mayor y regidor perpetuo de esta ciudad de Cali a ambos juntos y a cada uno de por sí con igual facultad dándole cómo le doy poder necesario y confiriéndoles todo el tiempo que necesiten a más del año total dispuesto por derecho para el cumplimiento de este mi testamento, última y final voluntad y por el presente revoco y anulo otros cualesquiera testamento, memorias o codicilos que antes de éste haya hecho, otorgado por escrito o palabra o en otra cualesquiera forma y ello quiero que valga este por mi testamento última y final voluntad y por aquel instrumento que más haya lugar el que otorga y firma de mi mano en estas ocho hojas de papel escritas en esta ciudad de Cali a veintitrés de noviembre de mil setecientos ochenta y dos. Y en este estado quiero y es mi voluntad se les dé carta de ahorro y libertad a Maruchita y a Baltasara y que tengan el mismo beneficio en la tierra según queda expresado [ilegible] supra. Entre renglones: cien patacones: Más o menos: de plata: azul: con: abuelo don Juan de Charria: todo V. es: reitdo: capellán: m: más da: no r. e = doña Margarita Rengifo y Cobo.

Fuente: Archivo Histórico de Cali, Notaría Segunda de Cali, 1784, Volumen 14, folios 108-112.

Venta predios en Llanogrande de Mateo y Gregorio Marmolejo a Juan Nogales, 1784.

En el sitio de Llanogrande jurisdicción de la ciudad de Buga el 3 del mes de mayo de 1784 años ante mí Marcelo Rozo, escribano de su Majestad real y público del número de la ciudad de Santiago de Cali y testigos que se denominarán parecieron presentes el señor Don Matheo Marmolejo y Rodríguez y Don Gregorio Marmolejo vecinos de este sitio a quiénes doy fe que conozco y dijeron que vende por suya propia, libre de todo censo, empeño ni hipoteca [ilegible] Don Gregorio una cuadra de tierra, y el referido don Matheo [ilegible] 72 varas en los mismos que el comisario maestro don Gregorio de Saa donó a la cofradía de Nuestra Señora del Palmar [ilegible] según la dicha tierra es bien conocida y de la que hubieron y compraron de la misma Cofradía como consta en la escritura pública que por testamento existe en su poder ilegible del mayordomo de dicha cofradía Don Pedro de Soto [ilegible] se agrega este original a este recurso y su tenor [ilegible], otorgan cada uno por lo que le corresponde el dicho don Gregorio por la cuadra de tierra que le corresponde casa, platanar y cercos que desde el 21 de abril del año inmediatamente pasado del ochenta y tres, le tiene vendido a Juan Nogales por testamento simple del dicho maestro Don Matheo Marmolejo por las 72 varas referidas que venden en todos sus derechos y dan en venta real y perpetua enajenación desde ahora para siempre jamás al dicho Juan Nogales para el susodicho y los suyos en precio y cantidad, la cuadra de tierra, casa y platanar y cercos en cantidad de 130 patacones los cuales confiesa el dicho don Gregorio haber recibido antes de ahora, 80 patacones de mano del comprador en moneda real y corriente, sobre que renuncia alegar lo contrario la excepción y leyes de *non numerata pecunia,* su prueba la recibo [ilegible] entrega, engaño, término y demás del caso, sobre que en anterior abundamiento otorga recibo en forma, y los 50 patacones restantes se los entrega en moneda igual y corriente en mi presencia de que doy fe. Y las 72 varas que vende el dicho maestro en cantidad de 50 patacones que le ha de pagar a plazo cumplido de un año que corre y se cuenta a partir de la fecha en adelante [Ilegible] atención declaran que la cantidad referida porque hacen esta venta es el justo legítimo precio y valor de las expresadas tierras, casa, platanar y cercos y que no valen más y que en el caso que más valgan o valen pueda de la demasía y más valor le hacen gracia y donación al comprador y los suyos buena, pura, perfecta, irrevocable de la que en derecho llama intervivos, acerca de lo cual renuncia las leyes de ordenamiento Real fechas en Cortes de Alcalá de Henares y los cuatro años del remedio en ella que tenía para poder pedir recisión y suplemento al verdadero valor de este contrato y se desapoderan [ilegible] y apartan del derecho de acción, posesión, propiedad y señorío que a las dichas tierras, casa, platanar y cercos han tenido y todo lo ceden, renuncian y transfieren en el comprador y los suyos, y en cuanto a las 72 varas de tierra debe entenderse después de estar enteramente satisfecho y pagada y como tal cancelada de sus obligaciones porque en el interín no habrá de poder venderlas, cambiarlas ni enajenarlas [....]

Documento # 13

Fuente: Archivo General de la Nación, Sección Colonia, Censos Redimibles, SC. 10,ff. 471-477.

Carta del poblado de Llanogrande al Gobernador de Popayán solicitando ser villa, 1794.

El gobernador de Popayán presenta el memorial y padrón que han remitido los generales vecinos del sitio de Llanogrande, solicita su apoyo para que se le conceda a aquel territorio el título de villa.

Solicitan que mediante a tener este poblado superabundante número de vecinos y caudales cómo hacen constar para que se establezca en villa; se digne su señoría dirigir y apoyar este recurso ante el excelentísimo señor virrey para que su excelencia les conceda la gracia y título de villa.

Superior Gobierno.

Señor Gobernador de la Provincia.

Los habitantes los vecinos del sitio y curato de Llanogrande al señor gobernador y comandante general de la provincia.

Habiendo deseado tiempo hace, dirigir nuestra súplica por medio de V.S. se nos concediese la gracia de que se estableciese este sitio en villa; pero meditando lo dilatado de semejante recurso, y que por él se nos habían de suscitar diversas contradicciones con los cabildos de las ciudades de Buga y Cali, a quién estamos sujetos y conciliarnos su enemistad por esta pretensión, y otros inconvenientes que se nos pusieron a la vista, lo hemos postergado hasta el día que en virtud de las reflexiones que a la ida y vuelta de la visita que vuestra excelencia empezó en esta jurisdicción, nos hizo algunos de los vecinos que se le presentaron, estimulándonos y persuadiéndonos, habiendo oído nuestros deseos que entablásemos la pretensión sobre el asunto; y viéndonos que bajo quedaba su patrocinio y que nuestros deseos convenían con el principal objeto que en su visita se propuso, de restablecer las poblaciones a donde estuviesen decaídas y se poblasen nuevas adonde conviniese, reduciendo a las gentes que viven dispersas en los montes a que construyan casas en poblado (como sucede la mayor parte de este vecindario) y para que por este medio lograsen el pasto espiritual, su instrucción perfecta en la religión y su doctrina, el fomento del comercio, la agricultura y artes, civilizando se en provecho de ellos mismos coma todo con arreglo a las piadosas intenciones de nuestro soberano que en beneficio de sus vasallos de América promueve; y deseando nosotros en esta parte corresponder a su real ánimo y en provecho nuestro.

Hacemos presente a V.S. las proporciones que brinda este sitio para el establecimiento de villa. Su vecindario se compone de 5.000 almas comprendidas dentro de este curato, entre ellas 457 cabezas de familia, como por lo menos consta del estado que le acompañamos sacado del padrón que la gobernación de V.S. se formó en fin de año próximo pasado entre las que se reconocen de blancos, distinguidos 62; cuyo número nos parece suficiente para el intento y a mayor abundamiento de que los vecinos de este sitio tenemos correspondiente fondo para todo lo anexo al establecimiento, en el mismo estado hacemos presente nuestros caudales que ascienden a 834.000 patacones para la parte que menos, compuestos de tierras, esclavos, ganado de todas especies, casas, ingenios de trapiches de azúcar, plantíos de cañaduzales y otros frutos de que abunda este sitio que es uno de los más fértiles y abundantes de toda la provincia como vuestra señoría tiene reconocido.

La demarcación de este sitio y curato es desde las orillas del río Bolo por la parte del norte y por la del sur la acequia o zanjón de Amaimito que sale del río Amaime y vuelve a desaguar en él; que es su largo, en lo que se gradúan cuatro leguas castellanas y otras tantas de este a oeste que es su ancho; por el este lo divide una cordillera o serranía más elevada y por el oeste el río Grande del Cauca, cuya demarcación está dividida en las jurisdicciones de Buga y Cali estando este sitio en la primera ciudad, 7 leguas castellanas y 6 a la segunda, con cuya instancia se nos siguen gravísimos prejuicios y extorsiones, para ocurrir a los muchos asuntos que tenemos tanto judiciales como particulares por no residir los jueces ordinarios en sus respectivas ciudades, teniendo el grave obstáculo para el tránsito de la de Cali el río Cauca que por lo caudaloso se necesita de embarcar, a donde suceden varias desgracias anualmente y en tiempos de invierno, malísimo caminos. Y como los más de nosotros no tenemos casas en las referidas ciudades de nuestra jurisdicción por estar residiendo en nuestras haciendas y labores inmediatas a este sitio, nos es sumamente perjudicial cada vez que tenemos que concurrir a a cumplir asuntos que se nos ofrecen de justicia por no tener casa a dónde habitar y aunque anualmente se nombra por los respectivos cabildos un juez partidario en su jurisdicción, como en estos residen cortas facultades se hace necesario presentarse a los ordinarios quienes como que sus residencias están distantes y con corto conocimiento de las circunstancias locales de los casos, por este hecho y otros que por no ser molestos no representamos, suelen tergiversarse muchos asuntos y entorpecerse con gravísimos perjuicios de las partes.

A la raya de este sitio y curato confina el del pueblo de la Candelaria, jurisdicción de la ciudad de Caloto que es su división el citado río del Bolo en donde hay avecindada porción grande de gentes que se gradúan al menos 600 almas; por lo fértil de la tierra y como dista a la dicha ciudad 12 leguas castellanas no se les puede administrar la correspondiente justicia por sus jueces, por lo que viven a su salvoconducto y cada cual obrando según le parece. Y en caso de ser llamados pierden de sus labores cuatro o cinco días en ida y vuelta con grave perjuicio en sus propios bienes cómo se deja conocer, y en que algunas ocasiones nombra aquel cabildo uno de la Santa Hermandad en el partido de la Candelaria, y anualmente un partidario, que abraza su jurisdicción hasta las orillas del expresado río pero dictando este 3 leguas lo menos al pueblo y malísimos caminos, rara vez se presentan en aquel paraje, a donde más que ningún otro se necesita la administración de justicia porque como aquellas gentes viven al fin de su jurisdicción ni los jueces ni otra persona alguna pueden observar sus operaciones. Y para la administración de sacramentos con la distancia de 3 leguas castellanas, a la parroquia de su feligresía no le es fácil aquel cura administrarles a tiempo, muriendo muchos hasta sin confesión y ni pueden celar ni tener conocimiento de su método de vidas.

Y estando este sitio del río del Bolo por lo más lejos 2 leguas, y para partes media, sería fácil desde aquí administrarles justicia y celar sobre la conducta de aquellos habitantes establecido que fuese en villa y se evitaría lo que continuamente sucede que haciendo algún reo delito en esta jurisdicción o partido, en el instante se pasa la de Caloto y queda impune por lo cual y siendo tan necesaria como V. S. consta el remedio en aquella parte de vecinos, en caso de que Su Excelencia nos conceda la gracia que le pedimos se debe agregar a esta jurisdicción de la de Caloto desde el río Fraile a el Bolo qué es lo más distante de aquella, y donde les es más difícil la administración de justicia y aunque se les corte del distrito por esta parte aún dista la raya que les puede quedar a la ciudad 9 leguas castellanas, además que de todo tiene V. S. plena noticia por haberlo especulado y transitado. Y por lo que puede importar para mayor conocimiento hemos solicitado el padrón del partido de la Candelaria y sacado de él el número de habitantes con sus clases, estados y caudales que comprende entre los dos ríos Fraile y Bolo como que también consta por menor en el estado que le dirigimos.

Nuestro deseo y ánimo no es otro quién virtud de lo ameno del país y la porción tan considerable de gentes que habitan en este curato y sitio y haber suficiente número de sujetos y circunstancias y caudal como hacemos presente solicitar como en otros lugares de menos consideración lo han hecho, su mayor lustre y distinción y que en este cada día se va viendo su propagación de vecindario y cada cual está obligado aspirar a la mayor felicidad de la tierra y destino en que está constituido a vivir; todo arreglado a las órdenes piadosas de nuestro soberano y buen gobierno. Además que en este sitio se hallan en el día suficientes fundamentos para establecimiento que solicitamos porque residen en él 1.000 almas y pobladas 150 casas entre ellas la Real Factoría principal de tabacos de esta provincia y las del Chocó, y las administraciones de correos y alcabalas que son unos muy fundados principios para que se le dé el carácter de villa a este poblado punto aparte por todo lo cual y dándosenos por jurisdicción aquellos parajes más distantes de las inmediatas y que les es más difícil y trabajoso administrarlas como llevamos expuesto, como es todo lo que se comprende el distrito de este curato desde el río del Bolo al zanjón o acequia de Amaimito desde la cordillera al río Grande del Cauca en jurisdicción de Buga y Cali y de la de Caloto desde el río Bolo al del Fraile que ambos desembocan en el del Cauca queda un ámbito de 7 leguas castellanas de norte a sur y 4 de este a oeste y aunque se les disminuya a las referidas jurisdicciones lo que llevamos demostrado les queda a cada cual sobradísimo distrito y en nada de eso les perjudica de todo lo que V. S. tiene pleno conocimiento por lo que y acogiéndonos bajo su patrocinio como gobernador y comandante general de la provincia que es, y que está dedicado hacer felices a los pueblos de su comando con las prudentes órdenes de su gobierno esperamos que por su medio se eleve a la superioridad del Excelentísimo señor Virrey esta representación y que su piedad nos conceda la gracia de villa a este poblado y con el apoyo de Su Excelencia y el de Nuestro Señor dirigido a nuestro católico monarca, se nos libre el correspondiente título a este sitio de Llanogrande. Julio 10 de 1794. = Manuel Pizarro = Cayetano Vivas = Joaquín Sánchez Silva = José María Cárdenas = José Saa = Pedro Simón Cárdenas = Domingo de Saa = Manuel de Guzmán = Francisco Antonio González de la Penilla = Gabriel Francisco de Prado =Antonio Pablo Gamboa = Francisco Baca = Juan Vicente Otero = Pedro Rodríguez Guerao =Manuel Baca = Martín Sánchez de Posada = Isidoro Herrera = Francisco Donneys = José Joaquín Guzmán = Nicolás de la Torre = Nicolás Durán = Simón Antonio Velarde = Miguel Guzmán = José Antonio Cabal = Juan Nicolás Bejarano = Andrés Saavedra = Ignacio de Saa = Pedro Carrejo Escobar.

Documento # 14

Fuente: Archivo General de la Nación, Sección Colonia, Censos Redimibles, SC.10., 1794-1795., ff. 478-482. (img. 51-59)

Carta del gobernador de Popayán al Virrey retransmitiendo solicitud de Llanogrande para ser Villa, 1794-1795.

El gobernador de Popayán presentando el memorial y padrón que le han remitido los pobladores vecinos del sitio de Llanogrande dirigido para solicitar su apoyo para que vuestra excelencia se digne conceder a aquel territorio el título de villa accediendo a ello, así lo suplica de vuestra excelencia.

Habiendo tenido por primer objeto en mi visita el arreglo de población y ministros de justicia que la gobiernen, al paso por el sitio de Llanogrande di algunas órdenes verbales para que se dispusiesen los vecinos de aquel curato que viven dispersísimos, a reunirse en aquel sitio bajo el ordenamiento que según la disposición resultare permitida por lo que hallé una regular disposición. Parecióreme desde entonces los más distinguidos que les facilitase jueces ordinarios en su territorio, un día distante desde Buga, a cuya jurisdicción corresponde los administradores justicias pues los eran insufribles pues les eran insufribles las incomodidades que sentían habiendo de acudir a la capital. Estimé justa la solicitud pero diferí a tratarse ella a cuando volviese de la vega para verificar mi visita. Pero como hube de cortarla por los alborotos que había aquí fue causa de que por esta y otras obras propias de mi obligación hayan quedado péndulas hasta el día.

Al paso para la capital sin poder detener, habiendo visto con gusto la buena disposición con que las gentes de aquel sitio estaban para admitir el arreglo de que necesitan los previne formalizarse las correspondientes noticias para poder pedir formalizarse en villa cuya jurisdicción comprendida la demarcación de aquel curato y el que está por un lado a corta distancia nombrado Candelaria con lo que se facilitaría a uno y otro los precisos ministros de justicia por que clamaban, y hecho, me lo representasen para solicitárselo justificadamente a V. E., la gracia del título y formalizarla a emplear concejales y demás del caso a esta clase de lugares; todo lo han verificado en el memorial que presento a V. E.

Por él se ve que comprendiendo el curato 5.006 almas de las que sólo hay reunidos 1.000, está el resto esparcido por un dilatadísimo campo y monte lo que motiva la rusticidad y falta de religión, monstruosidades que para nuestra santa ley comúnmente se cometen y [ilegible] cuyos defectos solo considero remediables sirviéndose Vuestra Excelencia de acceder a la solicitud. De mi parte suplico a V. E. que lo haga con concepto al gran servicio que de ello resulta a ambas majestades o que determine lo que sea de su superior agrado.

Nuestro Señor que a Vuestra Excelencia le dé muchos años,

Popayán, 9 de agosto de 1794.

Santa Fe, 6 de septiembre de 1794.

Coméntesele al Gobernador de Popayán, haga saber a los vecinos de Llanogrande que formalicen su pretensión conforme a derecho.

Nota al margen: En lo de los mismos se avisó al Gobernador de Popayán remitiéndosele copia y oficio= Caicedo.

Don Domingo Caicedo Escribano mayor de Gobernación del principal certifico: que en este superior gobierno se halla presentado un poder cuyo tenor es como sigue: en el sitio de Llanogrande términos y jurisdicción de la ciudad de Buga en 5 días del mes de julio de 1794 años, ante mí el Escribano público del número de Cali y notario público de está América por el Rey nuestro señor que Dios guarde y testigos que se nominarán parecieron presentes los señores a saber: don José Pizarro, don Cayetano Vivas Sedano, don Domingo de Saa, el señor alcalde alcalde partidario de la ciudad de Buga, don José de Saa, don Ignacio de Saa, don Manuel Guzmán, don Miguel Guzmán, don Francisco Baca, don Juan de Rivera, don Gabriel Prado, don José Antonio Cabal, don Alejo Villanueva, don José Cárdenas, don Pedro Simón Cárdenas del Campo, don Pedro Carrejo, don Nicolás Durán, don Isidro Herrera, Bolaños de la Vega, don Francisco González de la Penilla, don Vicente Otero, don Nicolás de la Torre, don Andrés Saavedra, don Joaquín Guzmán, don Manuel Vera, don Martín Sánchez de Posadas y don Simón Velarde, todos los referidos moradores asistentes en este dicho sitio de la jurisdicción de Buga. Así mismo comparecieron don Pedro Rodríguez, don Juan Nicolás Bejarano, don Francisco Donneys, don Francisco Vivas, don Antonio Gamba los cuales dichos señores vecinos de la jurisdicción de Cali y en la misma conformidad compareció don Joaquín Sánchez y Silva por sí y a nombre de don Domingo y don Mariano Sánchez sus hermanos y por sus sobrinos don Juan Bautista Molina, don José María Escobar vecinos de la jurisdicción de la ciudad de Caloto buscar todos los cuales dichos señores que van nominados doy fe y conozco y todos juntos unánimes y conformes otorgan que dan todo su poder cumplido cuanto por derecho se requiere, y es necesario para valer en esta forma para este sitio de Llanogrande y Gobierno de Popayán con las demás [ilegible] a don Joaquín Sánchez, a don Cayetano Vivas, a don Domingo de Saa y a don Juan Nicolás Bejarano, para que estos puedan entender y continuar en todos los asuntos que en adelante se expresarán dando sus providencias todos juntos o cada uno y no de por sí para las cortes de Santa Fe y España. Para la corte de Santa Fe otorgan dicho poder a cualquiera de los procuradores de número de dicha Real Audiencia de Santa Fe; y para la corte de Madrid en primer lugar a don Narciso de Sánz y Asafra agente de negociación y en segundo lugar a cualquiera de los agentes de Indias de aquella corte especialmente para que todos o cada uno en su lugar puedan con arreglo a la instrucción que por separado la comunica sin ser necesario hacer una insertación de ella, hacer todas las representaciones judiciales y extrajudiciales que convengan y las mismas que por los señores otorgantes podrían y deberían hacer presentes, siendo y siguiendo todos los asuntos y negocios por todos sus grados e instancias hasta conseguir íntegramente la real aprobación de nuestro católico monarca (que Dios guarde) que por todo lo dicho su incidente concerniente y dependiente les dan y otorgan este poder tan cumplido y competente con facultad plena a cada uno en su lugar de enjuiciar, jurar y sustituir qué modos le serán a costas en debida forma obtenga seguridad, cumplimiento y firmeza y a modo, la que en virtud de este poder se hiciese y obrase obligar su persona y bienes habidos y por haber y dan poder a las justicias de su Majestad de cualquier parte que sean para que todo lo dicho, les obliguen, compelan y apremien con todo rigor de derecho y vía ejecutiva como por contrato y sentencia pasada en autoridad de cosa juzgada consentida y apropiada y dada entrega sobre que renuncian estas las leyes, fueros y derechos a su favor ley *sin combenerit* a su domicilio y vecindad con la general de derecho en forma. En cuyo testimonio así lo dicen, otorgan y firman siendo testigos el señor Factor don Joaquín de Castro, don Mariano Víctor de Victoria y don Manuel Ramírez, vecinos de este dicho sitio y residente = José Manuel Pizarro= Cayetano Vivas Sedano= Francisco Vivas Sedano= Juan de Rivera= José Joaquín Sánchez y Silva= Manuel de Guzmán= José de Saa= Domingo de Saa y Borja= José María de Cárdenas= Pedro Simón de Cárdenas y Campo= Alejo Villanueva= Francisco Antonio González de la Penilla= José Antonio Cabal= Antonio Pablo Gamboa= Gabriel Francisco de Prado= Juan Vicente Otero= Manuel Vera= Martín Sánchez de Posada= Pedro Rodríguez Guerao= Isidoro Herrera= Bolaños de la Vega= Francisco Donneys= Francisco Baca= Juan Nicolás Bejarano= Andrés Saavedra– Ignacio de Saa= Nicolás de la Torre= Nicolás Durán= José Joaquín Guzmán= Simón Antonio Velarde= Miguel Jerónimo Guzmán= Pedro Carrejo y Escobar, ante mí, Marcelo Roso, Escribano de Su Majestad Público del Número, presente fui a su otorgamiento y en fe de ello lo signo y firmo= En testimonio hay un signo de verdad= Marcelo Roso Escribano de Su Majestad de Número =Es bastante para lo que por ahora se promueve, doctor Juan Dionisio Gamba.

Lo referido así consta de su original a que me remito, a 16 de septiembre de 1795.

Domingo Caicedo.

Fuente: Archivo Histórico de Buga, caja 37, 1798, folios 509v-511.

Venta lote en Llanogrande a Josef María Cárdenas, 1798.

En la parroquia de Llanogrande jurisdicción de la ciudad de Buga en 6 días del mes de septiembre de 1798 año, ante mí el escribano y testigos, pareció presente en la casa de su morada don Gabriel de Francisco y Prado asentista del Real Ramo de Alcabala de este partido, a quien doy fe que conozco y por la presente otorga, que vende en venta real y perpetua enajenación desde ahora y para siempre jamás, en su nombre y en el de sus herederos presentes y futuros a don Josef María Cárdenas de este mismo vecindario para el dicho y los suyos conviene a saber de: un solar de tierra en este mismo sitio que se compone de 50 varas en largo y otros tantos en lo ancho procedente de la compra que tiene hecha a la Cofradía de Nuestra Señora del Rosario del Palmar de todo el globo que le fue donada por el comisario Maestro don Gregorio de Saa a Nuestra Santa Imagen como consta de escritura pública otorgada en el mismo registro con orden de su Señoría Ilustrísima a que se remite, cuyo valor o solar sita en esta misma población y en donde tiene el comprador fundada su posesión y casa de teja haciendo esquina y calle de por medio, con casa y solar del mismo otorgante por el costado de abajo, y por el de arriba con los demás colaterales linda con tierras de dicho otorgante habidas en la misma compra; por cuyos linderos y su situación es bien conocido el solar de tierra de 50 varas de esta venta, libre de censo, empeño, hipoteca o gravamen alguno, que confiesa no tenerlo tácito ni expreso, y así lo vende en precio y cuantía de 70 patacones de a ocho reales, dinero de contado que confiesa tener recibidos de mano del comprador a su poder y contento que por no ser de presente para que yo el escribano dé fe de la entrega, la confiesa y renuncia la excepción y Ley de la *non numerata pecunia,* cosa no tina, leyes de la entrega y prueba de su recibo, error, dolo, trámites, y más del caso. Y confiesa asimismo que el justo valor y verdadero precio del dicho solar de tierra es el de los dichos 70 patacones, que no vale más en el caso de que más valga o valer pueda de la demasía y más valor le hace gracia y donación como buena, pura, mera, perfecta e irrevocable, para que en derecho llama intervivos cerca de lo cual renuncia a todas las leyes del ordenamiento Real fechas en Cortes de Alcalá de Henares y los 4 años en ellas declarados que tenía para rescindir el contrato donde hubiere colusión, dolo o engaño. Y el derecho de propiedad, acción, señorío, y directo dominio que el enunciado solar de tierra tiene contratado, todo lo cede, renuncia y transfiere en el expresado comprador y los suyos para que como cosa suya habida con su propio dinero pueda vender, cambiar o enajenar como le convenga. Ítem el real vendedor se obliga a la evicción, seguridad y saneamiento de esta venta, en tal manera que siempre le será firme y valedera y que sobre ella no se le pondrá pleito, debate ni contradicción de manera alguna y en caso de que se le ponga, saldrá a la voz y defensa, y lo seguirá y fenecerá   a su costa y mención hasta dejarlo en quieta y pacífica posesión, y de no poderlo conseguir le dará y volverá la referida cantidad y el más valor con el tiempo adquirido, todo por la vía ejecutiva y solo con el juramento de la parte a cuyo cumplimiento obliga su persona y bienes habidos y por haber con sumisión y poderío a las Reales Justicias de Su Majestad, para que le obliguen, compelan y apremien por todo rigor derecho y vía ejecutiva como si fuera por contrato y sentencia pasada en autoridad de cosa juzgada especialmente consentida sobre que renuncia todas las leyes y derechos a su favor, domicilio y vecindad, Ley si conviene del *juridiction omnium judicum,* con la última Pragmática de las sumisiones y generales del derecho que lo prohíbe. En cuyo testimonio así lo dice, otorga y firma en este mi registro corriente siendo testigos don Juan de Dios Jaramillo y don Pedro Ledesma vecinos de esta jurisdicción quedando como asentista del Real derecho de Alcabala de esta venta hecho cargo el otorgante por la causada en ella, y estando presente el enunciado comprador don Joseph de Cárdenas, a quién también doy fe conozco habiendo oído y entendido el tenor de esta escritura, a su favor otorgada dijo que la aceptaba y aceptó y también la firma de que doy fe = Gabriel de Francisco y Prado. Josef María Cárdenas. Ante mí Bartolomé de Figueroa.

Documento # 16

Fuente: Archivo Histórico de Buga, 1798, caja 37, folios 511-512v.

Poder del Presbítero Vicente Olave para dar censo por venta de tierras, 1798.

En la parroquia de Llanogrande jurisdicción de la ciudad de Buga a los 6 días del mes de septiembre de 1798 años, ante mí el escribano y testigos pareció presente en las casas de su morada el señor doctor don Vicente Olave, cura y vicario de esta parroquia a quién doy fe que conozco y por el presente otorga que da todo su poder cumplido tan bastante lleno cuanto pueda y se requiera y es necesario para valer en juicio y fuera de él, a don Patricio

95

Gruesso regidor de la ciudad de Popayán y en su defecto al doctor don Manuel Rodríguez, cura Rector de la misma ciudad. A ambos doy de mancomún y a cada uno de por sí *invalidum* para que en nombre del señor otorgante y haciendo la voz que representa como comisionado de su Ilustrísima y cura párroco de este sitio y que ha entendido en la venta de las tierras de Nuestra Señora del Palmar de esta Santa Iglesia y representando a su misma persona, fecho, voz y causa, derechos y acciones pueda poner en carácter a censo, y tributo, redimible y al quitar con arreglo a la Real cédula del asunto, las cantidades siguientes: dos mil patacones producto de la dicha tierra vendida a don Gabriel Francisco del Prado; cien patacones que reconocía don Joseph de Cárdenas, ciento más que reconocía doña Tomasa de Alarcón, consignado por el mismo Cárdenas como albacea de esta. Trescientos patacones que reconocía doña Isabel Vivas; y doscientos patacones que se hayan consignadas en la curia de Popayán por el presbítero don Juan León de Soto, los mismos que reconocía su difunto padre don Pedro de Soto, percibiéndolos en virtud de este poder a la dicha curia descrita, que unidas a las antecedentes partidas, componen la de dos mil setecientos patacones correspondientes a la obra pía y donación que hizo de las citadas tierras el difunto Comisario maestro Don Gregorio de Saa a la imagen de Nuestra Señora del Palmar de este sitio, a excepción de los doscientos patacones consignados, y admitida que sea esta cantidad como producto de dicha dona piadosa, podrá otorgar la escritura o escrituras correspondientes al seguro con todo los vínculos, cláusulas y firmeza que se requieran para su perfecta validación y a su debido tiempo cobrar y percibir el rédito correspondiente asignado en dicha Real orden, para con el cumplir en su distribución y aplicación conforme a lo que ordenó el donante en su instrumento de donación, procediendo en ello conforme a derecho y comunicando noticia con documento que acredite haberse así verificado. Que el poder que para todo lo dicho, su anexo, incidente, independiente se necesite, ese mismo le da y confiere amplio y sin limitación alguna. Con facultad de jurar, enjuiciar y sustituir, que a todos releva de costas en debida forma derecho y a la seguridad y firmeza de lo que en su virtud se hiciera y obrare se obliga con las rentas de esta Cofradía habidas y por haber, con sumisión y poderío a las señores jueces de su fuero, para que a todos los dichos le obliguen, compelan, y apremien por todo rigor de derecho y vía ejecutiva, como si fuera por contrato y sentencia pasada en autoridad de cosa juzgada especialmente consentida, y con renunciación de todas las leyes, capítulos, y derechos a su favor en forma. En cuyo testimonio así lo dice, otorga, y firma en este, mi registro corriente, siendo testigos don Josep de Cárdenas y don Juan de Dios Jaramillo vecinos de esta jurisdicción por ante mí el presente escribano que doy fe = Entre renglones, "como su mayordomo a excepción de los doscientos pesos consignados en la curia". Don Vicente Olave, ante mí Bartolomé de Figueroa.

Documento # 17

Fuente: Archivo Histórico de Buga, 1798, caja 37, folios 512v-514.

Venta lote en Llanogrande a Juan de Ribera. 1798.

En la parroquia Llanogrande jurisdicción de la ciudad de Buga a los 6 días del mes de septiembre de 1798 años, ante mí el escribano y testigos pareció presente en la casa de su morada Don Gabriel de Francisco y Prado administrador asentista del Real Ramo de Alcabalas y avecindado en este sitio a quién doy fe que conozco y por presente otorga: que vende en venta real y perpetua enajenación desde ahora y para siempre jamás en su nombre y en el de sus herederos presentes y futuros, a don Juan de Ribera alcalde pedáneo de este Curato y avecindado en él, para el dicho y los suyos conviene a saber, un solar de tierra en esta misma población, el cual se halla lindando desde donde comienza el cementerio de esta Santa Iglesla matriz para arriba, hasta dar con la esquina donde tiene fundada su casa el comprador, que comprende cincuenta y cinco varas y desde la dicha esquina hasta dar a la acequia donde bebe agua este poblado, por cuya situación y linderos es bien conocido el dicho solar de tierra de esta venta como derivado de la tierra que tiene comprada a la Cofradía de Nuestra Madre y Señora del Palmar, de todo el globo que le donó el maestro Comisario Don Gregorio de Saa, y del que se tiene hecha escritura de ella, en conformidad de lo prevenido y ordenado por su ilustrísima y otorgada en este mismo registro a que se remite por libre de censo, empeño, hipoteca o gravamen alguno, que confiesa y asegura no tenerlo tácito ni expreso, en precio y cuantía de cien patacones de ocho reales en contado, que confiesa tener recibidos de mano del comprador, a todo su contento y satisfacción en moneda usual y corriente, que por no ser de presente la entrega para que yo el escribano de fe de ella, la confiesa y renuncia la excepción y Ley de la *non numerata pecunia,* cosa no tina, leyes de la entrega prueba de su recibo, error, dolo, términos y más del caso. Y confiesa asimismo que el justo valor y verdadero precio del enunciado solar de tierra de esta venta es el de los dichos cien patacones que no vale más y en caso de que más valga o valer pueda, el demasía y

97

más valor le hace gracia y donación buena, pura, mera, perfecta e irrevocable de las que en derecho llama intervivos acerca de lo cual renuncia las leyes de ordenamiento Real fechas en Cortes de Alcalá de Henares y los cuatro años en ella declarados que tenía para rescindir el contrato donde hubiese colusión, dolo, engaño y el derecho de propiedad, acción, señorío y directo dominio que al dicho solar de tierra ha tenido, todo lo cede, renuncia y transfiere en el expresado comprador y para que como cosa suya habida con su propio dinero pueda vender, cambiar o enajenar como le convenga. Y como real vendedor se obliga a la evicción, seguridad y saneamiento de esta venta, en tal manera que siempre le será firme y valedera y que sobre ella no se le pondrá pleito, debate ni contradicción en manera alguna y en caso de que se le ponga, saldría a la voz y defensa, y lo seguirá y fenecerá a su costa y mención hasta dejarlo en quieta y pacífica posesión, y de no poderlo conseguir le dará y volverá la referida cantidad y el más valor con el tiempo adquirido, todo por la vía ejecutiva y solo con el juramento de la parte a cuyo cumplimiento obliga su persona

y bienes habidos y por haber con sumisión y poderío a las Reales Justicias de Su Majestad, para que le obliguen, compelan y apremien por todo rigor derecho y vía ejecutiva como si fuera por contrato y sentencia pasada en autoridad de cosa juzgada especialmente consentida sobre que renuncia todas las leyes y derechos a su favor, domicilio y vecindad, Ley si conviene del *juridiction omnium judicum,* con la última Pragmática de las sumisiones y generales del derecho que lo prohíbe. En cuyo testimonio así lo dice, otorga y firma en este mi registro corriente siendo testigos don Josef María Cárdenas y don Juan de Dios Jaramillo vecinos de esta jurisdicción que dando satisfecho del Real derecho de Alcabala, y hecho ese cargo de ella el otorgante, el causado en esta venta, y estando presente el enunciado señor alcalde pedáneo comprador que también doy fe conozco, habiendo oído y entendido el tenor de esta escritura, a su favor otorgada dijo que la aceptaba y aceptó y también la firma por ante mí de que doy fe = Gabriel Francisco y Prado. Juan de Ribera. Por ante mí, Bartolomé de Figueroa.

Fuente: Archivo Histórico de Buga, caja 37, 1798, folio 500-509 (total 19 páginas)

Venta de tierras para urbanizar Llanogrande en 1798.

En la parroquia de Llanogrande jurisdicción de la ciudad de Buga en cinco días del mes de septiembre de mil setecientos noventa y ocho ante mí el escribano y testigos pareció presente en la casa de su morada el señor doctor don Vicente Olave, cura y Vicario de esta dicha parroquia y comisionado por el ilustrísimo señor don Ángel Velarde y Bustamante, meritísimo Obispo de esta diócesis en las superiores providencias libradas para los fines del que se hará mención, y en su consecuencia dijo: Que el señor don Gregorio de Saa y Rengifo Comisario Mayor del Santo Oficio, y vecino en esta a los cuatro días del mes de diciembre del pasado año del 58 hizo donación perfecta e irrevocable con fuerza de intervivos a la cofradía Nuestra Señora del Palmar que se venera en esta Santa iglesia y en obsequio de su divino culto, de un derecho de tierras que se contiene en esta misma población bajo los linderos que en ella se expresarán y corren en lo largo del lindero que es y se conoce de las tierras que fueron de don Pedro Rengifo y hoy, pertenecen al Señor alcalde ordinario don Cayetano Vivas con quién linda por esta parte, desde cuyo término corre hasta una zanja honda y seca que se halla antes de llegar a la hacienda y casa nombrada El Guayabal, que fue de don Francisco Sinisterra y en la actualidad poseen don Simón Cárdenas y don Josef Manuel Pizarro, y en lo ancho todo el globo que encierra dicha zanja y el zanjón de Romero, de tal modo que la dicha zanja lindero, se conoce por la parte de abajo por el zanjón del Salado, dentro cuyos límites queda comprendida y deslindado todo el globo.

El enunciado derecho de tierras, exceptuando las cuadras y solares que se expresarán, todo con el piadoso objeto de que con su producto y valor, en todos los días sábados del año se le mande decir una misa cantada a Nuestra Señora sobre que encarga la mayor solemnidad en favor de su alma, y más ascendientes suyos con lo más que encarga sobre la distribución del sobrante que dedica al mayor culto de dicha Santa imagen, para lo cual nombra por patrono a don Bernardo de Saa su hermano, sus hijos y descendientes siguiendo el orden de la sucesión y como se hubiere en aquel tiempo dado parte a la Curia excelentísima de Popayán fue aprobada y conformada esta donación por el señor Provisor y Visitador general del obispado doctor don

Antonio Suárez y Mondragón, dando facultades para que se celebrara venta de dichas tierras bien por junto o por solar a fin de que tuviera efecto el piadoso espíritu y buenas intenciones del donante lo cual hasta el presente no ha tenido otro estado que el de haberse vendido por los anteriores mayordomos y patronos algunos solares de que se tratan. Y como por carta doce de junio del presente año don Gabriel Francisco del Prado en consideración a lo dicho hubiese ocurrido a su Señoría Ilustrísima a impetrar de su superioridad la debida venia y permiso para hacer compra del terreno insignado, ofreciendo dos mil patacones al contado, se dignó Su Señoría en 22 del mismo mes y año comisionar al señor otorgante para la venta de estas tierras como de dicha carta y decreto que son al tenor siguiente: Ilustrísimo Señor, habiendo mandado su Señoría Ilustrísima por auto, decreta se venda la tierra en que se haya fundado este poblado, y pertenece a Nuestra Señora del Rosario del Palmar que se venera en esta Santa Iglesia, para de este modo contar con un rédito fijo y no eventual a favor de la Cofradía de Nuestra Señora, premedité construir una capilla en dicha tierra como lo verifiqué costeando al hacerlo 2.400 patacones lo que después de ejecutado propuse compra del solar en que se halla fundada, pero a pesar de mis continuas súplicas y de lo mandado por Vuestra Señoría Ilustrísima no he podido conseguirlo diciéndome este señor Cura no ser admisible la propuesta en esta parte sino en el todo para así lograr la fundación de todo el principal a que ascienda el valor de dicha tierra, en cuyo concepto y en el derecho que tengo por estar fundado en ella, he determinado comprar el todo en la cantidad de 2.000 patacones que ofrezco entregar al contado siempre que por Vuestra Ilustrísima se providencie de que se me otorgue el correspondiente seguro. En días pasados según tengo entendido propuso compra de la misma tierra don Vicente Serrano vecino de Buga en todos los términos nada arreglados a justicia; para esto se procedió a hacer avalúo de la expresada tierra, que lo verificaron en una desmedida cantidad con arreglo ya se ve, a los asientos que constan en el libro que se lleva de terrajes, pero sin duda sin hacerse cargo de los muchos que se pierden por la pobreza de los vecinos y de las crecidas fatigas que cuestan su cobro como también de que no es lo mismo comprar de contado que al fiado, pues de todos modos no hay riesgo ninguno y del otro sí, en el que sin reparar en el precio entran contabilidad por estos lugares; con atención a todo lo que llevo expuesto, espero Vuestra Señoría Ilustrísima la última resolución para en su virtud proceder a la consignación del dinero que tengo ofrecido y seguridad de la compra. Dios guarde la importante vida de su Señoría Ilustrísima los muchos años que le deseo. Llanogrande y junio doce de 1798. Beso las manos de Vuestra Señoría Ilustrísima, su más afecto servidor Gabriel Francisco del

Prado. Ilustrísimo señor Doctor don Ángel Velarde y Bustamante, Popayán 22 de junio de 1798. Remítase al Doctor don Vicente Olave comisionado para la venta de las tierras que se enuncian en la carta antecedente, el obispo de Popayán= Llanogrande y junio 27 de 1798 por recibido de orden superior a su Señoría Ilustrísima el Ilustrísimo señor Doctor don Ángel Velarde y Bustamante al Concejo de Su Majestad, obispo de esta diócesis, que se obedece acepta y jura en prevenida forma derecho, siendo terminante lo resuelto en 20 de octubre del pasado año del 94, sobre lo que se venda la tierra que donó a Nuestra Señora del Rosario del Palmar patrona titular de esta parroquia, el Comisario Maestro don Gregorio de Saa y Rengifo según lo manifiesta el auto proveído en la Santa Visita que original se halla en el libro de la mayordomía. Como hubiese propuesto comprarla el señor Regidor don Vicente Serrano le fue preciso a su merced consultar a dicho Ilustrísimo señor para que se sirviese preceptuar el modo que debía observarse para formalizar la venta, y por misiva su fecha 22 de septiembre del año inmediatamente pasado de 97 ordena que se dé a la tierra su debida avaluación y se verificó por don Francisco Romero y don Joan Nicolás Bejarano bajo los previos requisitos de derecho en este sitio y mayo 16 del presente año, no pudiendo menos su Merced qué ceñirse al literal sentido de esta orden, estando pues la enunciada tierra valorizada en cantidad de 3.880 patacones. Hágaselo saber a don Gabriel Francisco del Prado que si le acomoda de esta cantidad bajo del concepto de que no decida en el juzgado otra jurisdicción de la necesaria para llevar a puro y debido efecto el tenor de esta legalía = Doctor Vicente Olave. Ante mi Simón Antonio Velarde notario del obispado. En Llanogrande en once días del mes de julio de dicho año. Yo el notario hice saber la Providencia que anteceden a don Gabriel Francisco del Prado, quien en su inteligencia dijo que no le acomoda en manera alguna dar por la tierra de Nuestra Señora del Palmar más que la cantidad que la de dos mil patacones que tiene ofrecida y que mediante a que en el juzgado no recibe jurisdicción para hacer baja del justiprecio dado, pide se consulte con el expediente al Ilustrísimo señor Obispo diocesano para que si no fuese aceptable la propuesta que tiene hecha se declare esto dio por razón que firma conmigo de que certifico. Gabriel Francisco del Prado. Velarde. Llanogrande y julio once de 1798. Consúltese a la superioridad de su Señoría Ilustrísima el obispo mi señor. Con estas diligencias originales, que dando de ellas testimonio para que se digne a resolver en el particular lo que hallase por de justicia doctor Vicente Olave = Ante mí Simón Antonio Velarde notario del obispado. Y habiendo ocurrido con la diligencia en segunda vez a su Señoría Ilustrísima, con lo actuado se dignó ordenar lo que confía de decreto que sigue: Popayán 21 de julio de 1798. No habiendo quién dé más de dos mil pesos por las tierras de Nuestra Señora del Palmar el comisionado doctor don Vicente Olave procederá a realizar la venta en don Gabriel Francisco del Prado, arreglándose en lo demás contra providencia de visita, y devuélvase al efecto. El obispo de Popayán. Gómez secretario = En cuyo obedecimiento y que ocurrió lo expuesto por el patrono don Ignacio de Saa en tres del próximo pasado agosto en que últimamente protesta estar y pasar por lo que ordena la superioridad de su ilustrísima, hubo a bien dicho señor cura y Vicario señor Doctor Vicente Olave dar procedimiento al mismo señor Ilustrísimo con el mismo expediente en seis del citado mes de agosto de que se resultó el último orden del veintidós del mismo que el tenor de uno y otro con las últimas diligencias dicen así:

Popayán 22 de agosto de 1798, siendo concitante al doctor don Vicente Olave, Vicario de Llanogrande, que anteriormente se han vendido diferentes porciones de la tierra de Nuestra Señora del Palmar a varios sujetos, que nuestra providencia de 20 de octubre de 1794 relativa a la venta en globo, se dirige a evitar confusiones, las pérdidas y los disturbios que reconocimos y tocamos a representación suya en la Santa Visita, y que el poner en Cajas Reales el importe de la tierra vendible cede sin perjuicio de Nuestra Señora, en especial y muy debido obsequio del Rey Nuestro Señor, se extraña mucho se haya diferido voluntariamente dicha venta en globo, en consecuencia se le previene que sin la menor dilación la verifique y perfeccione en todas sus partes, haciendo que en la escritura que se debe otorgar se inserte solamente lo preciso para su legitimidad y claridad y no todo el expediente, a cuyo efecto se le devolverá por el correo este día. El Obispo de Popayán= Mathías Antonio Gómez, secretario. Llanogrande 27 de agosto de 1798 = Por recibido el orden superior de Su Señoría Ilustrísima el Obispo mi Señor Doctor Ángel Velarde y Bustamante, que se obedece en debida forma y conforme a derecho; para que tenga a su debido cumplimiento, hágasele saber a don Gabriel Francisco del Prado su contenido para que en el día en que se le otorgue la correspondiente escritura de venta de la tierra de Nuestra Señora en los términos que se me ordenan, consigne los dos mil patacones que ha ofrecido al contado por ella para que se den a censo al Rey Nuestro Señor poniéndola en Cajas Reales así que lo proveo, mando y firmo, yo el doctor don Vicente Olave, Cura Vicario y Juez de Comisión actuando con testigos por falta de Notario de que certifico = Doctor Vicente Olave. Testigo Juan de Ribera. Testigo Nicolás de la Torre. En esta atención usando de las facultades que le son conferidas en los citados [ilegible] que son conformes al auto citado de la Santa Visita, y en aquella vía y forma que más haya lugar en derecho, por la presente otorga que vende en venta real y perpetua enajenación por juro de heredad desde ahora y para siempre jamás en su nombre y en el de la Cofradía de Nuestra Señora del Palmar de esta Santa Iglesia, por los derechos que hasta ahora tiene y en adelante pudiera tener, a don Gabriel Francisco y Prado radicado en esta dicha parroquia y administrador de la Real venta de Alcabala en este Partido: Para el dicho y sus herederos presentes y futuros, conviene a saber el enunciado derecho de tierras cuyo continente y queda expresado bajo sus límites y linderos que van puntualizados y señalados con uniformidad al instrumento de la donación hecha, y se remite, al cual se han de exceptuar tanto por lo que expresa la dicha donación, como por las ventas que han hecho algunos mayordomos hasta esta fecha. Los derechos siguientes:

Primeramente los solares que dice el donante fuesen más a su gusto para fundar dos casas con todas las oficinas correspondientes que precisamente han de ser y son los mismos que le fueron señalados judicialmente por el señor Doctor Juan de Varona difunto cura y Vicario que fue de este pueblo desde el año de 1761 a los 21 días del mes de abril, conocidos desde aquel tiempo, el uno junto a la iglesia en la esquina de la plaza donde tuvo dicho señor donante situada una casa de paja que dedicó para su vivienda, que hoy corresponde a doña María Manuela de Lenis por muerte del dicho don Juan de Varona; y las tierras donde en el dicho año de 61 tuvo fundada posesión don Bernardo de Saa patrono de esta obra pía, la cual posee hoy don Josef Manuel Pizarro; ítem dos derechos que tenía vendidos dicho señor donante a don Gregorio Molano: el uno donde éste fundó su casa de teja, en la misma plaza en la cual al presente se halla la Real Factoría del Tabaco bajo los cercos que le guardan y cierran; y el otro donde tenía su tejar el dicho Molano que compone una cuadra de 108 varas tanto en largo como en ancho. Ítem la tierra en que también al presente tiene su casa de teja doña Mariana de Cárdenas según la tiene cercada con don Domingo de Saa, por un costado. Ítem un solar que compró Rosa de Borja y en el día lo tomó doña Tomasa Alarcón el cual era de don Francisco Baca. Ítem la tierra en que tiene su casa don Manuel de Guzmán conforme a la escritura de compra que hizo a don Feliciano González. Ítem la tierra que tiene doña Josefa Llamas entre el zanjón de Romero y la acequia de donde bebe este pueblo. Ítem dos cuadras que fueron de don Benito Marmolejo. Ítem cuatro cuadras que asimismo fueron del padre don Mateo Marmolejo. Ítem una cuadra que fue de Rita de Soto. Ítem otra cuadra que fue de Francisco Clavijo. Ítem solar que fue de Carlos Núñez y en donde vive la viuda de Serqueira. Ítem el terreno donde se halla construida la Santa Iglesia parroquial y el lugar del campo santo que estaba haciendo que todo con su cercado llegan hasta la dicha acequia; los cuales derechos exceptuados deberán acreditar los interesados que los poseen con los instrumentos de las compras que hayan verificado para conocimiento de sus legítimas propiedades.

Y aunque hay algunas personas que con pretexto de arrendamiento o compra poseyeron algunos solares, no habiéndolos satisfechos, ni por el pago ni por el arrendo, deben quedar como desde siempre quedan sujetos y comprendidos en esta venta como igualmente todos los que poseen con pensión de pagar terraje en que por solo esta razón no han adquirido dominio, y conforme a lo expresado se halla todo el [ilegible] de tierra comprendido dentro de los linderos citados sin pensión ni gravamen alguno a que lo hayan constituido los antecedentes mayordomos, y así la vende el señor otorgante en uso de sus facultades con todas sus entradas y salidas, usos, costumbres y servidumbres, aguas vertientes y manantiales según y en la manera que la poseyó el señor donante y antecesores, y ha poseído y usado hasta la presente su santa Cofradía por medio de sus mayordomos sin contradicción alguna, en precio y cuantía de dos mil patacones de a 8 reales que son los mismos que ofreció el comprador en la carta citada de representación y fue admitida por su Señoría Ilustrísima en consideración de los legítimos causales que tuvo presente y le movieron los fines y motivos que se expresan en la citada superior Providencia y auto de visita, y consignó el comprador la dicha cantidad de dos mil patacones en moneda usual y corriente, contados mano en tabla a toda satisfacción, pasando de parte de dicho comprador a la del señor comisionado otorgante a presencia de mí y por este escribano de cuya entrega hecha real y verdaderamente doy fe y certifico y a mayor abundamiento otorga recibo en forma y confiesa asimismo el enunciado señor comisionado a nombre de la Cofradía que es otro globo de tierra liquidada en la forma insignada y con exclusión de las calles públicas no vale más cantidad. Y en caso de que más valga o valen, puesta de esta demasía y más valor a su nombre le hace gracia y donación al comprador buena, pura, mera, perfecta, e irrevocable por la que el derecho llama intervivos, acerca de lo cual enuncia las Leyes de ordenamiento Real hechas en Cortes de Alcalá de Henares y los cuatro años en ellas declaradas que tenía para rescindir el contrato donde hubiere colusión, engaño y el derecho de propiedad, acción, señorío y directo dominio que al dicho derecho de tierras ha tenido la Cofradía todo a su nombre, los cede y renuncia y transfiere en el enunciado comprador y sus sucesores para que como cosa suya habida con su propio dinero pueda vender, cambiar o entregar como le conviniese y para que más bien sea visto le da y otorga esta escritura de propiedad y por testimonio, el instrumento citado de la [ilegible] con las demás diligencias practicadas en la misma forma para que en su virtud tome y aprehenda posesión de ella judicial o extrajudicialmente, o como bien le convenga y como real vendedor se obliga a nombre de dicha Cofradía a la evicción, seguridad y saneamiento de esta venta en tal manera que siempre le sea era firme y valedera y que sobre ella no se le pondrá pleito, debate ni contradicción en manera alguna, y en caso de que se le ponga, luego que le conste saldría a la voz y defensa, a costa de las rentas lo seguirá y fenecerá hasta dejarlo en quieta y pacífica posesión y de no poderlo conseguir hará que le devuelva la misma cantidad y el más valor con el tiempo adquirido todo por la vía ejecutiva y sólo con el juramento de la parte a cuyo cumplimiento obliga los bienes y rentas de dicha Santa Cofradía para sumisión y poderío a las justicias del fuero que corresponde para que a ello le obliguen, compelan y apremien por todo rigor de derecho y vía ejecutiva, como si fuera por contrato y sentencia pasada en autoridad de cosa juzgada. Especialmente consentida, sobre que renuncia todas las leyes, fueros y derechos de su favor en forma y la ley si conviniera de *jurisdictiones omnium judicum* con la última Pragmática de las sumisiones y general del derecho que lo prohíbe.

En cuyo testimonio así lo dice, otorga y firma en este mi registro corriente siendo testigos el alcalde pedáneo don Juan de Ribera y don Josef María Cárdenas vecinos de este dicho sitio y estando presente el enunciado comprador don Gabriel Francisco del Prado que también doy fe que conozco habiendo oído y entendido el tenor de esta escritura a su favor otorgada. Dijo que la aceptaba y acepta siendo de su cargo la satisfacción del Real derecho de Alcabala y los de esta escritura. Y habiendo intervenido a ella don Ignacio de Saa como patrono [ilegible] de los llamados quien en consecuencia de todo también la firma para ante mí el presente escribano de que doy fe = Em° y para que más= Vale = Testado = Y con exclusión de las calles públicas (no vale) =

Don Vicente Olave	Gabriel Francisco y Prado
Ignacio de Saa	Ante mí, Bart...de Figueroa

<u>Comprobante Anexo.</u>

Digo yo don Gabriel de Francisco y Prado que me hago cargo como Administrador del Real Ramo de Alcabalas de la cantidad de cuarenta patacones que corresponde a la venta que se me tiene hecha de decreto del Ilustrísimo Señor Obispo de esta diócesis de las tierras que donó el Comisario Maestro don Gregorio de Saa a Nuestra Señora del Rosario del Palmar que se venera en la Santa Iglesia de este sitio y para que conste y se agregue a la escritura, firmo la presente en cinco días del mes de septiembre de mil setecientos noventa y ocho años. Gabriel de Francisco y Prado.

Documento # 19

Fuente: Biblioteca Nacional de Colombia, Fondo Restrepo, informes de Ruperto Delgado a Sámano, 1817, ff. 151v-152.

Bando de Hilario Mora, 1817.

José Hilario Mora comandante general de las fuerzas republicanas que obran en el sur a los habitantes en la provincia los comerciantes y los emigrados que habitan estos parajes no deben vacilar un momento en presentarse en esta capital. Los primeros gozan el derecho sagrado de un país natal, los segundos el derecho sagrado de la sociedad, los últimos con la protección y amparo de una fuerza que lo ha principiado a establecer su tranquilidad y aliviar sus padecimientos. No doy más plazo a mí mandato que el término de la distancia en la inteligencia que pasado esto se tendrá por un infiel e indigno de disfrutar los derechos imprescriptibles de buen ciudadano y irremisiblemente se hará acreedor a la ley establecida para todo hombre malvado. Toda propiedad tiene una seguridad, todo ciudadano tiene una garantía. Mi misión no es emanada del desorden, no creas, que nuestros pasos dirigidos desde el Valle del Cauca atravesando la cordillera [ilegible] de una certidumbre tuviesen por vanas ideas ilusorias. La capital del Nuevo Reino de Granada Santa Fe de Bogotá a la fecha debe estar ocupada por el general Serviez y todo el norte por el general Bolívar, cuyo ejército responsable, da una esperanza a nuestra felicidad; no hay que temer, no debéis dudar de mí lenguaje, y vacilando un momento es una traición a la patria. Cuartel general de Nóvita 8 de mayo de 1817.

Documento # 20

Fuente: Biblioteca Digital de la Real Academia de Historia (BDRAH) Sig 9-7665, leg 22 b) ff. 321-323v.

Informe de Ruperto Delgado a Sámano sobre la muerte de Hilario Mora, 1817.

La partida de bandidos que de este valle se dirigió al Chocó según informe a V.S. en 19 del actual, entró en Nóvita cometiendo los acostumbrados excesos. Allí supieron que en el puerto del Charambirá había dos buques y logrando aprehender al sobrecargo de uno de ellos marcharon precipitadamente hacia dicho puerto al cual llegaron el 13 y se apoderaron de uno de los buques. En él navegaron hasta la bahía de San Buenaventura en la que se presentaron el 22 y sin embargo de algunos cañonazos que le mandó disparar desde Punta de Soldados el teniente de gobernador don José Antonio Ylleras, se introdujeron hasta el Cascajal dentro del puerto en que tomaron el bergantín atrevido procedente de Guayaquil. Durante la noche desembarcaron para atacar a Ylleras que tenía algunos fusileros, pero los aterró con un cañonazo de metralla y volvieron a reembarcarse. En la mañana del 23 los fieles marineros de los buques, después de haber varado a uno de ellos, se echaron sobre las armas y dando muerte al caudillo Hilario Mora, aseguraron a los demás y los llevaron en el buque dirigiéndose seguramente a Panamá a cuyo gobernador he reclamado los criminales. Ylleras ha aprehendido algunos y dice que hay muchos dispersos hacia las Bocas de San Juan. Por lo mismo he mandado continúen su marcha las partidas de tropa que con anticipación salieron de Cartago y esta ciudad hasta aprehender al último malvado, habiendo cubierto cuantos caminos y trochas salen a este valle.

En medio de la variedad de noticias sobre el número de los rebeldes, yo calculo que reunidos no pasaban de sesenta, pero sé que no se les agregaron muchos que en pos de ellos marcharon hasta de los pueblos de Páez y Caloto en que estaban ocultos y serán los dispersos de que habla Ylleras.

Han cometido las mayores atrocidades y acompañó a V. S. una lista de los asesinatos de que hasta ahora tengo noticias. El pérfido Hilario Mora se titulaba comandante general y había nombrado oficiales. Con él iban algunos de los Cayzedos, Vergaras y Cueros de esta ciudad. Todos los malvados del valle tenían la más íntima comunicación, y todo, todo estaba minado; la costa se puso en consternación pero con el mal resultado de una empresa tan atrevida y los ejemplares que pienso hacer, puedo hacer asegurar a V. S. que se ha radicado para siempre la tranquilidad de toda la vasta provincia de Popayán. Continúan presentándose los ocultos en virtud de las providencias tomadas anteriormente y se calcula que no bajan de quinientos los que ya lo han verificado. Dios guíe a V. S. m. a., Cali 29 mayo de 1817 = Roberto Delgado = Señor brigadier, comandante general Juan de Sámano.

Relación de las personas que asesinaron los bandidos prófugos de estos valles desde su salida de él hasta el puerto del Cascajal:

don José Modesto Largacha, don Juan Ferrer, don Juan Achurra, españoles europeos; don Francisco Ortiz corregidor de Noanamá, natural de Honda; un soldado pastuso cuyo nombre se ignora y quedó por aquí enfermo; el capitán y contramaestre de uno de los buques. También por noticias de algunos transeúntes, a don Cristóbal Longa, minero. Cali, 29 de mayo de 1817 = Ruperto Delgado.

Documento # 21

Fuente: Archivo General de la Nación, AGN, SR.49,7, D.39, 1820, ff. 188-189.

Carta de Runel a Murgueitio, 24 de marzo de 1820.

[...] a cuya frente marché sobre el enemigo que con una división respetable se había acampado en el punto de San Juanito. Tengo la gloria de que la completa victoria que alcanzaron entonces las armas republicanas se debe cuando no en el todo en la mayor parte al valor de mi tropa y aunque la emulación de algunos logró obscurecer mi mérito y hacer que se me redujese a la condición de un simple paisano no por eso se apagó en mi corazón el deseo de servir y aún de sacrificarme por la justa causa.

Así es que apenas fui invitado por el que hacía de comandante en esta plaza, cuando Calzada logró ocupar a Popayán ofrecí todos mis servicios con la misma generosidad que antes los había empleado por el bien común. Y aunque tuve el dolor de ver desamparado este precioso valle por los que debían haberlo defendido de la invasión del enemigo, me he mantenido firme en esta plaza mientras que el español aprovechándose del desamparo de este valle penetró hasta Cartago, causando en él males incalculables. La superioridad de las fuerzas del enemigo, la falta de recursos y principalmente la ninguna esperanza que tenía de un auxilio pronto, me hizo desamparar los pasos del Cauca que defendí tenazmente por falta de pertrechos. Con este motivo pudo pasar a este lado y entrando a esta ciudad hubo que desocuparla (ilegible) inmediatamente hacia el puente de Jamundí en donde me hallaba acampado. Aquí no pudiendo presentar acción por ser muy superiores las fuerzas del enemigo, logré a lo menos frustrar sus deseos salvándome con toda mi tropa y armas en los montes inmediatos. Tres días permanecieron en aquel punto al tiempo de los cuales, levantó repentinamente su campo y marchó a la capital de Popayán, sin dejar en todo el Valle ni una pequeña guarnición. Con este motivo puede ocupar otra vez esta plaza en donde me mantengo actualmente trabajando en cuanto puedo por sostener su independencia. Estoy en comunicación con las tropas republicanas del Chocó cuyas avanzadas están apoco más de una jornada de esta ciudad. He ocurrido por un pequeño auxilio de pertrechos que necesito y se me han negado. Sin duda, porque aún no ha llegado al punto de Las Juntas. El señor coronel Cancino, comandante general de aquellas tropas, cuyo número puede pasar según se me ha informado de 500 hombres, lo que deberá servir a V. S. de gobierno.

Este es pues el estado actual de esta provincia. Calzada no ocupa más de ella que la capital; pero el Valle podrá ser hostilizado por segunda vez si su V.S. no vuela, como lo espero, a salvar estos pueblos que suspiran ver ya a sus libertadores. Pero en todo caso debe tener entendido V. S. que la fuerza del enemigo no es como se dice en una gazeta de solos [sic] mil hombres de toda arma. Yo tuve la oportunidad de observarlos desde una altura y no dudo pasan de mil los fusileros, con un regular escuadrón de caballería, y también cuatro o cinco piezas de artillería volante. Con este conocimiento podrá V. S. dirigir sus marchas y combinar con mejor acierto sus operaciones. Esperando se sirva V. S. comunicarme las órdenes que tenga por más oportunas, a cuyo efecto ofrezco a V. S. mi pequeñez, y las más altas consideraciones de mi respeto. Dios guíe a V. S. m. a., Cali, marzo 24 de 1820.

Juan Runel